D1994138

GottesdienstPraxis
Serie A

Arbeitshilfen für die Gestaltung
der Gottesdienste im Kirchenjahr

Herausgegeben von Erhard Domay

Gütersloher Verlagshaus

GottesdienstPraxis

I. Perikopenreihe

Band 3: Kantate bis Israelsonntag

Gütersloher Verlagshaus

Bibliografische Information Der Deutschen Bibliothek
Die Deutsche Bibliothek verzeichnet diese Publikation in der Deutschen Nationalbibliografie; detaillierte bibliografische Daten sind im Internet über http://dnb.ddb.de abrufbar.

Trotz intensiver Bemühungen war es leider nicht in allen Fällen möglich, den jeweiligen Rechtsinhaber (Bildmaterial/Text) ausfindig zu machen. Für Hinweise ist der Verlag dankbar. Rechtsansprüche bleiben gewahrt.

ISBN 3-579-03137-6
© Gütersloher Verlagshaus GmbH, Gütersloh 2003

Das Werk einschließlich aller seiner Teile ist urheberrechtlich geschützt. Jede Verwertung außerhalb der engen Grenzen des Urheberrechtsgesetzes ist ohne Zustimmung des Verlages unzulässig und strafbar. Das gilt insbesondere für Vervielfältigungen, Übersetzungen, Mikroverfilmungen und die Einspeicherung und Verarbeitung in elektronischen Systemen.

Umschlagentwurf: Finken & Bumiller, Stuttgart, unter Verwendung des Aquarelles No. XXV von Francesco Clemente, aus: CVIII. Watercolours Adayar 1985, © 1987 Öffentliche Kunstsammlung Basel.
Satz: Fotosetzerei Steggemann, Bad Salzuflen
Druck und Bindung: Těšínska Tiskárna AG Česky Těšín

Printed in Czech Republic

www.gtvh.de

Inhalt

Kantate
Das Evangelium nach Matthäus 11,25-30

Margit Binz

Exegetisch-homiletische Skizze

Der Text ist zweigeteilt. Die ersten drei Verse mit ihrer Vater-Sohn-Metaphorik erinnern an das Johannesevangelium, auch bei Lukas gibt es dazu eine Parallele. Die letzten drei Verse sind Sondergut des Matthäus. Ich werde mich auf die Verse 28–30 beschränken, also das Paradox von der leichten Last und dem sanften Joch. Dazu hilft es, sich den biblischen Kontext von Jesu Rede klar zu machen und dem Bild vom Joch nachzugehen.

Das Joch steht in der Bibel häufig für Unterdrückung und Knechtschaft. In diesem Zusammenhang geht es darum, das Joch zu zerbrechen und Freiheit zu gewinnen. Diese Befreiung wird an vielen Stellen als Gottes Handeln geschildert. Exemplarisch dafür Jes 9,3: »Du hast ihr drückendes Joch, die Jochstange auf ihrer Schulter und den Stecken ihres Treibers zerbrochen.« Aber nicht immer bedeutet das Joch Knechtschaft und Unterdrückung. Manchmal ist es auch ein Bild für die Verbindung zu Gott, und dann ist es sogar von Gott selber auferlegt. In Hos 10,11 heißt es: »Ich habe ihm ein Joch auf seinen schönen Nacken gelegt; ich will Ephraim einspannen. Juda soll pflügen und Jakob eggen.« Und ein Kapitel weiter (11,4): »Ich ließ sie ein menschliches Joch ziehen und in Seilen der Liebe gehen und half ihnen, das Joch auf ihrem Nacken tragen …« Das Joch ist hier nicht negativ gewertet. Im Gegenteil: es steht für die Verbindung zu Gott und für die Bereitschaft, mit Gott zusammenzuwirken. An diese Bedeutung von Joch knüpfen die Worte Jesu an. Jesus steht mit seiner Rede in der Tradition der klassischen Weisheitsrede. Im Buch Jesus Sirach wirbt die Weisheit ähnlich wie Jesus: »Kommt zu mir, die ihr mich begehrt, sättigt euch an meinen Früchten.« (Sir 24,19) Und weiter: »Erwerbt euch Weisheit, es kostet nichts. Beugt euren Nacken unter ihr Joch und nehmt ihre Last auf euch.« (Sir 51,25ff.) So wie die Weisheit verspricht Jesus denen, die von ihm lernen, Ruhe für ihre Seele (Psyche).

Ruhe für die Seele, Erleichterung, Entlastung, Aufatmen. Bei Leuten, die stark eingespannt sind, privat oder beruflich, spricht der Text wahrscheinlich sofort eine tiefe Sehnsucht an: ausspannen, leichter und sanfter leben, ohne niedergedrückt zu werden von allen Verpflichtungen, Belastungen und Sorgen. Aber warum soll es ausgerechnet nötig sein, ein Joch auf sich zu nehmen, um »Erquickung« oder Ruhe zu finden? Das riecht nach Knechtschaft und Unterwerfung. Als Jugendliche war ich mir gar nicht sicher, ob ich mich bei Jesu Einladung: »Kommet her zu mir alle ...« angesprochen fühlen sollte. War ich mühselig und beladen? Und selbst wenn: Will ich so angesprochen werden? Ist es mein Selbstverständnis, »mühselig und beladen« zu sein? Ich vermute vor allem bei jüngeren Leuten ähnliche Skepsis oder Unbehagen. Vielleicht sind auch beide Impulse – Sehnsucht und Skepsis gleichzeitig vorhanden.

Die Worte kommen mir heute immer mehr wie ein japanisches Koan vor: der klanglose Klang, die leichte Last, das sanfte Joch. Es ist ein sehr schöner, melodiöser Text, leicht rätselhaft und verführerisch.

Übrigens ist nicht davon auszugehen, dass junge Leute wissen, was ein Joch ist. Es ist also angebracht, ein Joch oder ein Bild davon mitzubringen und zu erklären.

Predigtidee

Schweres und Leichtes, Mühsal und Ruhe sind im Leben miteinander verbunden.

Predigtthema

Entspannung, Erleichterung

Vorschläge zur Liturgie

Lieder
EG 302; Du meine Seele, singe
EG 396; Jesu, meine Freude
EG 386,1–2+5; Eins ist not
EG 398; In dir ist Freude

Eingangsvotum
Wir feiern diesen Gottesdienst im Namen und in der Kraft Gottes, die alles geschaffen hat und in allem wirkt und die auch unser Leben erfüllt.

Eingangsgebet
Psalm 36,6–10 im Wechsel

Sündenbekenntnis
In deine Hände lege ich
meine unruhigen Gedanken
meine wirren Gefühle
mein Leben

In deinen Schoß lege ich
meinen müden Kopf
die Früchte meines Tuns
meine Sorgen

Unter deinen Mantel lege ich
meinen schutzlosen Leib
meine verwundete Seele
meinen angefochtenen Geist

In deine Hände lege ich
meine Freunde
meine Feinde
meinLeben

Anton Rotzetter, Gott, der mich atmen lässt, Seite 44

Gnadenzusage

Gott macht das Schwere leicht und schenkt uns Kraft. Darum heißt es: Kommt her zu mir alle, die ihr mühselig und beladen seid. Ich will euch erquicken.

Schriftlesung: Sir 6,18–30 in Auswahl: Das Joch der Weisheit oder Hos 11,1–4: Menschliches Joch

Fürbitten

Gott, durch dein Wort hast du alles geschaffen und siehe, es war sehr gut. Du hast auch uns geschaffen zu deinem Bilde. Du hast uns deinen Atem eingehaucht und deine Kraft erfüllt uns und alles, was lebt.
Wir bitten dich: Schenke uns ein Gespür für uns selbst und für die Menschen um uns herum. Lass uns das Gute entdecken, das du uns gibst.
Wir bitten dich für Menschen, die niedergedrückt und mutlos sind. Zeig ihnen einen Weg, den sie gehen können, und hilf ihnen darauf zu vertrauen, dass deine Erde sie nährt und trägt.
Wir bitten dich für Menschen, die sich selbst beschweren, die sich nicht ertragen können und die sich nie genug sind. Schenke ihnen deine Gnade, sodass sie sich selber milde betrachten können und gutmütig werden.
Wir bitten dich für Menschen, die viel für andere tun, dass sie auch an sich selber denken und etwas annehmen können.
Und wir bitten dich für Menschen, die nur sich selbst kennen und andere gar nicht schätzen: Befreie sie aus dem Gefängnis ihrer eigenen Welt und zeig ihnen deine Weite und Vielfalt.
Lass deine Gnade in uns wirken, sodass wir deine Kraft in uns tragen und ausstrahlen können.

Segen

Möge sie, die vor allen Dingen ist,
die unbegreifliche Gnade Gottes,
dich im Innern erfüllen
und in dir ihre Freude wachsen lassen. Amen.

Vorschlag zur Predigt

Möglicher Anfang

Viele von Ihnen hier sind mehr oder weniger stark belastet und eingespannt. Wer in der Schule ist, hat Druck mit Noten. Manche pflegen vielleicht seit Jahren oder Jahrzehnten eine kranke Angehörige. Oder sie sind selber krank und auf Hilfe angewiesen. Andere sind beruflich stark gefordert. Auch die Familie und die Kinder brauchen viel Aufmerksamkeit, Zeit und Energie. Häufig zerrt es von allen Seiten, und es ist ein richtiger Spagat, das ganze Leben noch unter einen Hut zu kriegen und nicht selber unter die Räder zu kommen.

Darüber hinaus gibt es nicht nur Anforderungen und Belastungen »von außen«, sondern auch jede Menge seelischen Druck, den viele mit sich schleppen: immer gut sein müssen, Erfolg haben, dazugehören oder Angst, Einsamkeit und Depression. Depression ist heute die seelische Volkskrankheit Nummer eins: Niedergeschlagenheit, niedergedrückt sein. Was es ist, das viele so niederdrückt, lässt sich nur schwer sagen. Es ist so ein Lebensgefühl oder vielleicht eher ein Mangel an Lebensgefühl, ein Grauschleier, der sich über alles legt und das Leben zur Last macht.

Das Leben als Last. Das ist bestimmt nicht, was ich mir und was Sie sich vom Leben versprochen haben. Oder? Und es ist ja auch nicht immer eine Last. Sie alle kennen ja auch leichte, unbeschwerte, glückliche Augenblicke, oder regelrecht abenteuerliche und unglaubliche Zeiten. Also ist das Leben nicht nur eine Last. Aber irgendwie gibt es diese schweren Aspekte des Lebens eben auch. »Im Schweiße deines Angesichts sollst du dein Brot essen, Dornen und Disteln soll der Ackerboden dir tragen ...« Das Schwere und das Leichte, die Mühsal und die Ruhe im Leben miteinander zu verbinden, darum geht es im heutigen Predigttext. Text lesen.

Jesus spricht hier Menschen an, die unter Druck sind, »mühselig und beladen«, niedergedrückt. Und er verspricht ihnen Ruhe für ihre Seelen, Erleichterung, Erquickung. Das klingt gut. Merkwürdig ist nur, wie das geschehen soll. Wer Erleichterung sucht, möchte in der Regel etwas abwerfen, loswerden. Aber Jesus sagt nicht: »Kommet her zu mir alle, die ihr mühselig und beladen seid. Werft ab, was euch bedrückt.« Sondern Jesus sagt: »Nehmt auf euch mein Joch.« Das klingt, als würde den Beladenen noch mehr aufgebürdet. Das klingt nach unterjochen. Für alle, die sich nicht so sicher sind: Ein Joch ist ein altes Arbeitsmittel aus der Land-

wirtschaft. Ich habe Ihnen ein Bild (s. u.) mitgebracht: Das Joch, das die meisten kennen, ist das Nackenjoch. Es wird z. B. Ochsen auferlegt, die einen Karren ziehen sollen. Aber es gab auch menschliche Joche, das Schulterjoch, an das man z. B. zwei Eimer zum Wasserholen hängen konnte. Das Joch ist die Verbindung zwischen dem Tier oder dem Menschen und der Last, die sie tragen oder ziehen sollten. Das Joch drückte, lag schwer auf, verspannte Schulter und Nacken, scheuerte wunde Stellen. Manchmal wurde der Druck durch Kissen gemildert und sanfter gemacht. Aber man muss sich klar machen, dass das Joch selbst nicht die eigentliche Last ist, sondern erst das, was dran hängt. Mit einem Joch ist es möglich, viel zu tragen oder hinter sich her zu ziehen, sehr viel mehr und leichter als zwei Hände oder ein Rücken alleine schaffen könnten.
Ein Joch ist also einerseits ein effektives Arbeitswerkzeug, das vieles erleichtert. Andererseits kann es auch dazu führen, dass ein Tier oder ein Mensch andauernd überlastet und weit über die eigenen Kräfte hinaus beansprucht wird. Es ist daher auch ein Symbol für Unterdrückung und aufgezwungene Plackerei. Wer ständig unterm Joch lebt und zu schwer trägt, wird krumm, gebückt, verspannt. Daher heißt es in der Bibel auch oft, dass Gott das Joch der Knechtschaft zerbricht. Die meisten von uns müssen körperlich nicht mehr so schwer arbeiten. Wir tragen kein echtes Joch mehr. Aber merkwürdigerweise sind es die gleichen Körperpartien, die uns bei zu viel Druck zu schaffen machen: steifer Nacken, Schmerzen und Verspannungen im Schulterbereich, Kreuzschmerzen.

Zum weiteren Verlauf

»Mein Joch ist sanft und meine Last ist leicht.« Jesus knechtet nicht, zwingt niemandem sein Joch auf. Jesus wirbt, lockt und bietet uns sein Joch als Hilfsmittel an. Es erleichtert, die Last des Lebens zu tragen. Ein Wort für dieses Joch? Gottvertrauen? Gott vertrauen heißt damit zu leben, dass wir nicht alles in der Hand haben, das Welt und Leben nicht vollkommen sind und trotzdem gut.
Jesus nimmt uns die Last des Lebens nicht ab. Niemand kann uns das Schwere im Leben abnehmen. Jeder Mensch hat die eigene Last zu tragen. Andere können helfen mit dem Schweren zu leben, und wir können auch anderen helfen, nur wegnehmen können wir nichts davon.
Man muss sich aber auch nicht alles aufladen, alles ertragen. Gott kann auch helfen, Lasten abzuwerfen und ein Joch zu zerbrechen. Beispiele:

Wenn Menschen von anderen niedergedrückt werden, eine Frau von ihrem Partner gedemütigt wird, geschlagen, ständige Kränkungen in der Familie, am Arbeitsplatz, in der Schule, wenn Menschen wegen ihrer Herkunft und Hautfarbe missachtet werden. Das ist kein Joch, das Gott auferlegt und das wir einfach tragen sollen. Da hilft Gott, das Joch zu zerbrechen und wir sollten das Gleiche tun.
Manches Joch und manche Last haben wir uns selber auferlegt. Z. B. durch unheimlich hohe Ansprüche. Alles soll perfekt sein, ohne Einschränkung, kein Scheitern, kein Misserfolg, kein Unglück. Aber es ist nie alles perfekt. Leiden, Scheitern, Unglück – auch das heißt Leben. Wenn wir manche Ansprüche, den Ehrgeiz, das angespannte Streben, die krampfhaften Anstrengungen ablegen, geht vieles leichter. Der Druck, den wir uns selber machen, ist oft der schwerste.
Nochmal Predigttext lesen. Das sanfte Joch, die leichte Last. Das sind rätselhafte widersprüchliche Bilder und Worte, über die man lange nachsinnen kann. Und wer sie begreift, ist erlöst.

Möglicher Schluss

Ich möchte zum Abschluss mit Ihnen eine Übung machen, die ganz augenblicklich etwas Druck von den Schultern nehmen und entspannen kann. Ich lade Sie ein zu einer Entspannungsübung. Sie wird etwa 10 Minuten dauern.

Leichte Entspannungsübung:
Alles aus den Händen legen, strecken, so wie morgens nach dem Aufstehen … dann Hände auf Oberschenkel und möglichst gerade sitzen, aufrecht und angenehm entspannt, Augen schließen, atmen, ein paar Mal tief durchatmen, dann den Atem fließen lassen …
Schultern hochziehen, fallen lassen … Schulterblätter nach hinten ziehen, locker lassen … langsam und leicht mit den Schultern kreisen, kleine Kreise nach hinten, kaum merkliche Bewegungen, langsam größere Kreise, spüren, wo es knackt und knirscht, nicht wehtun, leicht und sanft, nur so weit, wie es gut tut, dann langsam wieder kleiner kreisen … und dann ebenso langsam in die andere Richtung kreisen … nach dem Kreisen Kopf nach vorne sinken lassen … heben, nach hinten … nach rechts … nach links … wieder nach vorne … dann langsam und sanft nach rechts kreisen, über die Schulter, ganz leicht nach hinten, nicht wenn's wehtut, über

die linke Schulter nach vorne ... dann in die andere Richtung ... Kopf vorne lassen, langsam heben, Augen noch geschlossen, mit der rechten Hand sanft linken Nacken und Schulter massieren, ganz leicht wo es wehtut ... mit der linken Hand rechte Schulter und Nacken ... Arme sinken lassen, atmen ... tief durchatmen, Augen öffnen, sich umsehen und strecken ...

Ich hoffe, dass diese Entspannungsübung angenehm für Sie war. Vieles ändert sich, wenn wir unser Leben sanfter angehen, ohne so viel Anstrengung. Dazu braucht es das Vertrauen und die Erkenntnis, dass wir nicht alles selber machen müssen und können. Es kommt uns auch etwas entgegen. Und unser Leben ist kostbar und schön mit all dem Schweren, das uns belastet. (Beispiele für das Schöne ...) Das Schwere ist da. Und das Leichte ist da. Gleichzeitig. Das sanfte Joch, die leichte Last. Ich wünsche uns allen, dass wir das auf uns nehmen und dass die Worte Jesu in uns wirken und Kraft entfalten.

Gestaltungsidee

Bild vom Joch, aus: Der Sprach-Brockhaus, Deutsches Bildwörterbuch für jedermann, Wiesbaden 1948, Seite 288

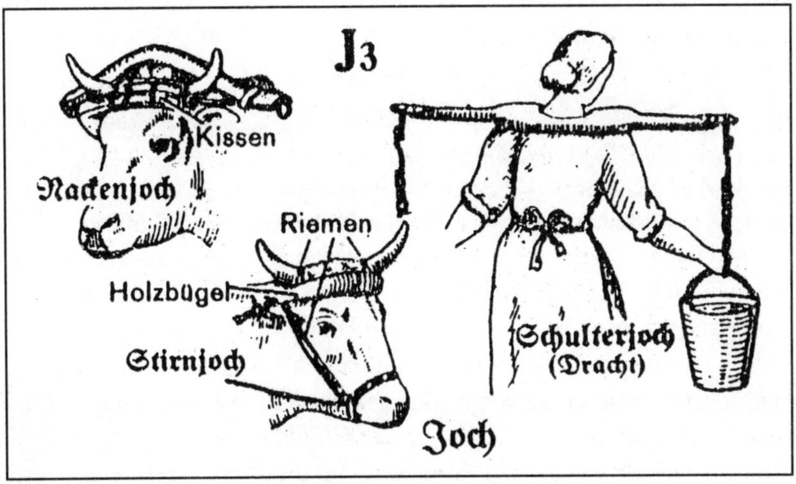

Aus: Der Sprach-Brockhaus, Deutsches Bildwörterbuch für jedermann, Wiebaden 1948, Seite 288

Symbole, Aktionen

Entspannungsübung und Selbstmassage von Schulter und Nackenbereich (s. o.)

Ein Joch wird ausgestellt. Daran werden Symbole oder Säcke gehängt, die das Leben schwer machen. Man kann das Joch auch tragen lassen. Welche Lasten sollen abgeworfen, welche getragen werden?

Kontexte

Der Ganges der Freiheit entspringt dem Himalaya der Pflicht.

Mahatma Gandhi

Joga-Joch

»Yoga: Der Name der indischen Lehre von der Selbsterlösung durch völlige Beherrschung des Körpers und Befreiung des Geistes ist aus altindisch Yoga-h entlehnt. Das altindische Wort bedeutet eigentlich »Verbindung, Vereinigung« und gehört zu altindisch Yuga-m »Joch«, das mit den gleichbedeutenden Wörtern lateinisch iugum, griechisch zygon und neuhochdeutsch Joch urverwandt ist.«

Aus: Duden – Das Herkunftswörterbuch der deutschen Sprache

Koans

Koans sind paradoxe Geschichten, Bilder und Fragen, die den Vorstellungshorizont sprengen und deren Begreifen zur Erleuchtung führen soll. Ein bekanntes Koan ist das vom klanglosen Klang: Ein Zen-Meister sagt zu seinem Schüler: Wenn du in die Hände klatschst, hörst du den Klang von zwei Händen, die aufeinander klatschen. Jetzt zeige mir den Klang einer Hand. Der Schüler meditiert, kommt 10-mal wieder mit verschiedenen Lösungen. Der Meister schickt ihn wieder weg: Das ist nicht der Klang einer klatschenden Hand. Über ein Jahr lang meditiert der Schüler, sammelt alle Klänge, bis er schließlich jeden Klang hinter sich lässt und den klanglosen Klang entdeckt.

Tipp zum Text

Paul Reps (Hrsg.), Ohne Worte, ohne Schweigen, 101 Zen-Geschichten, München 1993.

Rogate
Das Evangelium nach Johannes 16,23 b–28 (29–32) 33

Hans-Jürgen Kant

Exegetisch-homiletische Skizze

»In der Welt habt ihr Angst, aber seid getrost, ich habe die Welt überwunden«, heißt es Johannes 16,33 b. Die Ereignisse der letzten Zeit scheinen zumindest den ersten Teil dieses Satzes zu bestätigen. Der 11. September 2001 und die Folgen. Konfrontationen in verschiedenen Teilen der Welt. Terroristen nicht nur unter Muslimen, sondern auch unter Menschen, die christlich oder jüdisch erzogen wurden. Eine tief gehende Verunsicherung durch Verarmung, Flut- und Umweltkatastrophen sowie durch wirtschaftliche Schwierigkeiten gewinnt Raum unter der Oberfläche eines »Weiter-so!-Lächelns«.

Die Bedrohung ist augenscheinlich geworden. Sie hat uns auch im scheinbar sicheren Europa erreicht. Die Welt ist existenziell erfahrbar zu einem beängstigenden Ort geworden. Das war in diesem Ausmaß zuletzt angesichts der Hochrüstung Anfang der 80er-Jahre und der Gefahr eines Atomkrieges spürbar. Gleichwohl sind wir geneigt, nach jedem Erschrecken schnell wieder zur Tagesordnung überzugehen.

Mit dem Predigttext geraten wir an den Schluss der Abschiedsreden Jesu im Johannesevangelium. Dieser Jesus wird von Johannes als das präexistente Gotteswesen beschrieben, das Fleischgestalt annimmt (Menschwerdung). Es offenbart Gottes Herrlichkeit auf Erden. Es wird am Ende des Evangeliums die fleischliche, sterbliche Hülle ablegen, um durch Kreuz und Auferstehung wieder zum Vater in den Himmel zurückzukehren. Dabei wird es endgültig verherrlicht.

Mir ist es schon immer schwer gefallen, diesen Spekulationen zu folgen. Angesichts einer nun auch für mich als zunehmend bedrohlich erfahrbaren Welt kann ich jedoch verstehen, warum Johannes so argumentiert. Er möchte die ihm bekannten Jesus-Geschichten so erzählen, dass sie Menschen erreichen, die verunsichert sind und die in der Ideenwelt der Gnosis einen Halt suchen. Dabei kommt er ihren Vorstellungen sehr entgegen, auch wenn er an der wahren Menschwerdung Jesu festhält.

Die Anhänger dieser gnostischen Erlösungslehren sind Leute, die einen scharfen Gegensatz zwischen Gott und Welt (Kosmos), Wahrheit und Lüge, Gut und Böse ziehen und die sich nicht vorstellen können, dass es dazwischen auch Grautöne gibt. Die gottfeindliche Welt (Finsternis) kann in diesen Dualismen niemals das Wesen des Offenbarers (Licht) berühren oder gar Spuren des Schöpfers enthalten. Das Göttliche erscheint in der Welt, aber es ist verhüllt. So beginnt auch Jesus im Johannesevangelium erst am Ende seines irdischen Weges das vorher Verhüllte, das in Bildern Beschriebene klarer zu benennen. Der Zugang zum Göttlichen wird seinen Jüngern nun frei: Bittet Gott, so werdet ihr empfangen und froh sein (Vers 23 f.). Das enthebt euch nicht davon, diese Welt mit allem, was in ihr beängstigend ist, zu ertragen. Doch ihr könnt mutig sein, singen und beten, we shall overcome, das Böse hat seine letzte Macht verloren (Vers 33).

Am Sonntag Rogate möchte ich einladen zu einem mutigen, verantwortlichen Leben in dieser Angst machenden Welt. Das Böse kann besiegt werden, wenn die Freunde Jesu und die Menschen Einfluss gewinnen, die sich für Gerechtigkeit und Menschenrechte, für Frieden und die Bewahrung der Schöpfung einsetzen. Das Gebet bewahrt mich vor einem falschen Schicksalsglauben, vor einer falschen Ergebenheit in ein unabänderliches Fatum. Wenn ich aufhöre zu beten, höre ich auf zu hoffen und zu handeln.

Denn Gott lässt sich umstimmen. Mose bittet in der alttestamentlichen Lesung des Sonntags Gott eindrücklich für sein Volk. Gottes Zorn ebbt daraufhin wirklich ab. Geschichte gewinnt eine andere Bahn.

Ob ich die Epistellesung verwende, weiß ich noch nicht. Das Gebet für die Obrigkeit ist ohne Frage notwendig. Ein ruhiges und stilles Leben in aller Frömmigkeit und Ehrbarkeit hat dagegen den Beigeschmack, sich herauszuhalten und unempfindlich zu machen gegenüber dem, was in der »bösen Welt« geschieht. Gar nicht apathisch ist dagegen das pfingstliche Wochenlied »Zieh ein zu deinen Toren«: hier bitten wir um den Geist, der uns selbst und die Welt grundlegend verändern kann.

Predigtidee

Ich möchte zum Nachdenken über ein verantwortliches Leben vor Gott in unserer Welt anregen. Diese Welt sieht konkret in den Neubaugebieten am Rande unserer »Bunten Stadt am Harz« für viele Familien alles andere als rosig aus. Während es in DDR-Zeiten ein Privileg war, hier zu wohnen, beginnen sich jetzt in den Betonblöcken die Verlierer und Verliererinnen der Gesellschaft zu sammeln. Viele der jüngeren Einwohnerschaft sind arbeitslos oder leben von Sozialhilfe.
Die Gemeinde nimmt das wahr. Sie fragt, wie viel sozialen Druck kann das Zusammenleben aushalten? Ihr wird angst und bange dabei, sie fühlt sich ohnmächtig. Deshalb steht sie in der Gefahr, sich mit ihren Angeboten auf die dünne gutbürgerliche Mittelschicht zu konzentrieren. Doch die Geängstigten sind zugleich die von Gott Geliebten, die mit seinem Frieden Beschenkten. Sie haben in der Nachfolge Jesu ihren Meister zu vertreten. Im Predigttext verabschiedet er sich von seinen Jüngern und öffnet zugleich die Tür weit hin zu Gott. Sie sollen der Angst nicht ausweichen, sondern Gott mit allem, was sie bedrängt, in den Ohren liegen. Dann können sie Jesu Wegen folgen, und die führen bekanntermaßen nicht an denen vorbei, die in Not sind.

Predigtthema

Verantwortlich leben: mit Angst, Mut und offenem Ohr bei Gott.

Zur Liturgie

Zum Kyrie
Angst hält mich gefangen.
Was wird aus mir
in dieser Welt
der Katastrophen,
der Niederlagen,
des Todes?

In mir selbst gefangen, rufe ich:
Gott, erbarme dich.
Kyrie eleison – EG 178,12

Zum Gloria
Christus spricht:
In der Welt habt ihr Angst, aber seid getrost,
ich habe die Welt überwunden.
Laudate omnes gentes, laudate Dominum – EG 181,6

Kollektengebet
Gott, wir tasten uns vorwärts:
Finde ich Grund, der mich trägt,
Liebe, die bleibt,
ein Zuhause für mich?
Danke für dein Wort, das tröstet, aufrichtet
und befreit.
Danke für den Mut, für den Weg
zu dem Menschen, der mich braucht.
Amen.

Lieder
We shall overcome; Zieh ein zu deinen Toren, EG 133,1.5–8.13; Gib Frieden, Herr, gib Frieden, EG 430; Vertraut den neuen Wegen, EG 395; Korn, das in die Erde, EG 98

Vorschlag zur Predigt

Möglicher Anfang
Auf der Wiese im Neubaugebiet steht ein Bauwagen. Innen ist er spärlich möbliert mit einem etwas wackligen Tisch und einer alten Bank. Draußen sitzen Kinder im Gras und auf Plastestühlen. Zwei Frauen sind dabei. Die eine hat einen Vierjährigen auf dem Schoß, der sich an sie schmiegt.
Eine Kirchengemeinde wagt den Aufbruch aus ihren Räumlichkeiten hin zu Menschen, die am Rande der Stadt leben. Zwei Mitarbeiterinnen

sind im Sommer mit einem umfunktionierten Bauwagen mutig auf die Wiese gezogen, um für Kinder da zu sein. Das sind hauptsächlich Acht- bis Zwölfjährige, für die der Weg bis in die Innenstadt zu weit ist. Außerdem gehören sie zu den Kindern, die zum Teil mehrfach benachteiligt sind. Weil sie lernbehindert sind. Weil die Elternhäuser oft nicht intakt sind, weil die Mutter und der Vater schon lange arbeitslos sind und nicht genügend Geld haben, um aus der Plattenbausiedlung fortzuziehen.
Es sind in der Regel schwierige Kinder, mit seelischen Verletzungen, erlebten Hintenanstellungen, oft auch mit Erfahrungen, verlassen worden zu sein, ungeborgen zu bleiben. Kinder, die die Welt als einen Ort zum Fürchten erlebt haben.

Zum weiteren Verlauf

Kirche und Diakonie leisten eine umfangreiche soziale Arbeit. Daneben muss es jedoch Gemeinden und Christen geben, die sich – manchmal kurz entschlossen – durch die konkrete Not vor Ort bewegen lassen. Die Projekte starten und beginnen, Menschen aufzusuchen, die wie verlassen sind und denen die Welt ein Ort der Furcht und Not geworden ist.
Am Anfang der Geschichte der Kirche, so wie sie das Johannesevangelium erzählt, steht eine Geschichte vom verlassen werden. Jesus verlässt die Seinen. Er kehrt zu seinem Vater zurück. Er will aber, dass sie seinen Wegen folgen und dabei seinen Frieden spüren. Er macht das Tor weit auf, damit die Jünger ein stets offenes Ohr bei Gott haben, der sie liebt. Die Jünger bleiben in einer Welt, die Angst macht. Doch sie dürfen getrost sein, weil Jesus diese Welt überwunden hat. Er wird uns seinen Geist senden, den Tröster und Ermutiger schicken und uns erwarten in der Geborgenheit, die für uns noch aussteht.
Damit bleiben wir handlungsfähig. Mit dem verheißenen Parakleten genauso wie mit einem Gott, der ein offenes Ohr für unsere Bitten und Klagen hat, für alles, was uns bedrängt. Rogate: Wir dürfen loslassen und haben doch zugleich mitzuwirken an dem, was Jesus getan hat.
Doch dazu müssen wir ganz in dieser Welt leben und wahrnehmen, was um uns geschieht. Nicht nur das, was in der weiten Welt passiert und mit beängstigenden Bildern über unsere Bildschirme läuft. Sondern genauso das, was in unserer Stadt, in unserem Land geschieht.

Vermag ich das Leiden noch zu spüren, die Ungerechtigkeit noch zu sehen? Gelingt es mir noch, meine Wünsche und Träume zu artikulieren angesichts einer Gesellschaft, die neben den zwei Dritteln Gewinnern ein Drittel Verlierer hat? Finde ich es weiterhin unannehmbar, dass ich in einer Welt lebe, in der Reiche auf Kosten der Armen immer reicher werden?
Mit dem Artikulieren fängt es an. Mit dem Beten. Dass wir uns nicht abfinden mit der Welt, so wie sie ist. Dass wir uns von Gott angesichts des Leides nicht abwenden, sondern uns darauf berufen: Bittet, so werdet ihr empfangen. Und dass wir uns zugleich nicht aus der Verantwortung stehlen, sondern den Weg Jesu mitgehen, mitwirken an Gottes Willen für diese Welt. Gott braucht uns und zugleich ist er die Kraft der Befreiung in uns wie der Trost, dass nicht alle unsere Pläne und Wünsche in Erfüllung gehen.

Möglicher Schluss

Bevor die Mitarbeiterinnen ihren Dienst im Neubaugebiet der Stadt begonnen haben, wurde für sie in der alten Kirche gebetet, und sie wurden gesegnet. Sie haben ihre Angst vor den neuen Herausforderungen gespürt und zugelassen. Sie haben sich aber auch sagen lassen: Euer so notwendiger Dienst ist schwer. Ihr werdet auf Unverständnis stoßen, auf Kinder, die von tiefen Ängsten geplagt euch ganz fordern werden, auf Menschen, die euch argwöhnisch beobachten. Seid getrost, ihr geht auf Jesu Spuren. Wir als Gemeinde lassen euch nicht allein. Unser Gebet begleitet euch, und tatkräftig werden wir helfen, soweit wir das können.

Gestaltungsidee, Aktion

Es bietet sich an, über Projekte aus der Gemeinde zu berichten, die sich konkreter Not annehmen. Der Bogen lässt sich aber auch weiter spannen. Warum nicht einmal illustrierte Zeitungen mit in den Gottesdienst nehmen: Schneiden Sie Bilder aus, die beängstigende Geschichten erzählen! Wir heften diese Bilder an unser aus Brettern selbst gefertigtes Kreuz – beim Fürbittengebet kann, wer will, etwas dazu sagen oder einfach nur eine kurze Bitte formulieren.

Kontexte

Mit dem Alter geht eine schleichende Angst einher, es werden mehr und mehr Schlösser eingebaut, und niemand vergisst, ein Fenster zu schließen, bevor sich die Nacht herabsenkt. Alt zu werden bedeutet, sich zu ängstigen. Die Angst vor etwas Bedrohlichem, die man als Kind hatte, kehrt zurück, wenn man alt wird.

Henning Mankell: Mörder ohne Gesicht, dtv München 2002

Anders als früher gibt es heute im Leben kaum noch Kontinuität: Beruf, Qualifikation, Partner und Wohnort sind keine festen Eckpfeiler mehr.

Bernhard Jagoda, ehemaliger Präsident der BfA, aus: Magdeburger Volksstimme vom 23. 11. 2000

Man kann nirgends einen friedlichen Ort finden, weil es keinen gibt.

J. D. Salinger: Der Fänger im Roggen, 1951

Ich sehe langsam ein, dass Wachsen und Reifen nichts weiter bedeutet – als über die Angst mehr und mehr zu lernen.

James Baldwin: Eine andere Welt, 1984

Die Juden, die, das Sch'ma Israel betend, in die Gaskammer gingen, waren mir ein stärkerer Gottesbeweis als die Allmachtspekulationen der Theologen, die mir wie die lautstarken Freunde Hiobs erschienen. Sie proklamierten – unabhängig von Auschwitz, als ginge sie das, was dort geschehen war, nichts an – ihren alles beherrschenden, alles regulierenden Gott.

Dorothee Sölle: Es muss doch mehr als alles geben, Hamburg 1992

Wir sind nicht auf der Welt, um einander das Fürchten, sondern das Glauben zu lehren.

Dietrich Sattler, Allgemeines Deutsches Sonntagsblatt vom 06. 11. 1992

Mit einer Kindheit voll Liebe kann man ein halbes Leben hindurch für die kalte Welt haushalten.

Jean Paul

Tipp zum Text

Fritz Riemanns »Grundformen der Angst« führt zu einer individuellen Betrachtung der Angst und auch ihrer Funktion in unserem Leben.

Christi Himmelfahrt

Das Evangelium nach Lukas 24,44–53 (evtl.: Apg 1,14)

Rolf Heinrich

Exegetisch-homiletische Skizze

Wir feiern am Himmelfahrtstag den Gottesdienst mit Abendmahl in der Öffentlichkeit, unter freiem Himmel, auf dem Marktplatz des Stadtteils. Wir laden damit auch die Außenstehenden und Vorübergehenden ein teilzunehmen. Gleichzeitig erregen wir Anstoß. Als eine Gruppe Vatertag feiernder Männer mit Bierflaschen in der Hand vorbeizog und uns sah, lachten einige von ihnen und riefen »Ihr Scheinheiligen«. Der Himmel geht über allen auf, über uns, die wir Gottesdienst feiern, und über den Vatertag feiernden Männern. Wir nehmen den Himmel nur unterschiedlich wahr.

Lukas ist der Einzige, der in neutestamentlichen Traditionen die Himmelfahrt Jesu anschaulich und öffentlich vor Zeugen sichtbar beschreibt. Sonst findet die Himmelfahrt Jesu im Verborgenen statt. Sie fällt mit der Auferstehung zusammen, die zugleich Jesu Erhöhung und Entrückung ist (Mt 28; 1Tim 3,16). Den Himmelfahrtstag am 40. Tag nach Ostern gibt es erst seit dem 5. Jahrhundert, vorher wurden Auferstehung, Himmelfahrt und Geistsendung als eine innere Einheit gesehen. Lukas konzipiert die Himmelfahrtsgeschichte als eigenständiges Ereignis, weil die Zeiten sich geändert haben. Die unmittelbare Erwartung, dass Jesus wiederkommt und sein Reich des Friedens und der Gerechtigkeit aufrichtet, verzögerte sich. Christen, die in der Naherwartung lebten und beteten »Dein Reich komme«, waren enttäuscht. Sie mussten sich einrichten in der Welt und in der Gesellschaft, in der sie lebten. Lukas warnt sie vor einer falschen Parusieerwartung, die eigenes Handeln ausschließt, er tröstet und ermutigt sie: *Jesus kommt nicht, er geht.* Wenn Jesus selbst bald wiederkommen würde, dann wäre diese Geschichte von der Himmelfahrt vor Zeugen undenkbar. Er geht in den Himmel, in die Welt Gottes, aus der er einst hervortreten wird zu einem Zeitpunkt, den niemand kennt

(Apg 1,7). Besonders anschaulich wird das in der zweiten Himmelfahrtsgeschichte des Lukas (Apg 1,1–14): Jesus entschwindet auf einer Wolke, die ihn am Ende der Zeiten wieder herbeiführen wird. Er sollte so zum Himmel auffahren, wie er wiederkommt.

Jesus entfernt sich, aber er lässt seine Freunde nicht allein. Er segnet sie (Lk 24,51). Jesus, der vorher im Lukas-Evangelium noch nie seine Freunde gesegnet hat, segnet sie jetzt in der Stunde des Abschieds. Dieser Segen ist kein abgeschlossener Vorgang, sondern er ist ein das ganze Leben begleitender Prozess. Indem Jesus die Freunde segnet, scheidet er von ihnen und fährt in den Himmel auf.

Der Himmel selbst wird zum Motiv des Segens: Er ist fern, symbolisiert unendliche Weite, grenzenlose Freiheit und spannt sich zugleich wie ein schützendes Zelt und Dach über der Erde. Der Himmel spannt sich über allen Menschen, gleich welcher Religion, Nationalität oder Kultur sie angehören. Er geht über allen auf – über Gerechten und Ungerechten. Er ist fern und nah zugleich. Ist das auch der Grund, warum Mütter ihren Kindern auf die Frage »Wo sind die Toten?« antworten »im Himmel«? Sie sind fern, an einem Ort des Friedens und der Ruhe und zugleich sind sie nah, begleiten die Toten die Lebenden, denn in jedem Schritt, da geht ein Stück des Himmels mit. Distanz und Nähe, Nähe in der Distanz und Distanz in der Nähe können eine tröstende und ermutigende Bedeutung gewinnen: Zu große Nähe engt ein, zu große Distanz entfremdet. Ein Mensch, dessen Ängste und Leiden zu frisch und zu nah sind, der droht in ihnen zu ertrinken. Er braucht Distanz, einen Freiraum, um zu Atem zu kommen, um sich selbst und das Leben neu und anders zu sehen. Ein Mensch aber, der zu distanziert ist, der zu weit entfernt ist von meinem eigenen Leiden, der kann mich nicht wirklich begleiten und trösten. Vielleicht ist es auch dieses seelsorgerliche Motiv der Nähe und Distanz, das Lukas veranlasst zu erzählen, dass Jesus seine Freunde aus Jerusalem, der Stadt der Macht, des Geldes und der Hinrichtung Jesu hinaus nach Bethanien führt (V. 50). Zugleich aber bleibt der geographisch entfernte Ort Bethanien den Problemen und Leiden der Zeit nah und verbunden. Denn Bethanien bedeutet übersetzt Armenhaus, und dass Jesus in Bethanien, der Stadt des Lazarus (Joh 12,1), in den Himmel auffährt, könnte sogar Programm sein!

Nachdem Jesus seine Freunde gesegnet hat, beten sie ihn an (V. 52), sie verehren ihn und seine *Macht*. Himmelfahrtsgeschichten haben immer

auch etwas mit Macht zu tun. Aber die Himmelfahrt Jesu ist ein anderer Machterweis als zum Beispiel die Himmelfahrt des Romulus, von der Livius berichtet. Romulus wird von einer dichten Wolke entrückt und dadurch zum anbetungswürdigen Gott. Jesus ist nicht wie Romulus der Gott politischer Macht oder ökonomischer Stärke, sondern der Gott der Gerechtigkeit, die sich nach Lukas in der Barmherzigkeit zeigt (Lk 10,37).
Die Himmelfahrtsgeschichte steht bei Lukas in einem konkreten Kontext: Er will das Evangelium Christen gewiss machen, die zu den Gebildeten und Reichen gehören. Für Lukas kann man durchaus reich sein, in den Diensten der Staatsmacht stehen, dem Militär angehören und zugleich Christ sein. Allerdings bedeutet das, wirtschaftliche und politische Macht zu teilen, Habsucht zu vermeiden und mit der Einstellung des Gebens zu leben (Lk 6,38; 12,15). Denn: *Das Brot ist der Himmel.* Wie der Himmel allen Menschen gemeinsam gehört, so müssen wir auch das Brot teilen!
Die gesegneten Freunde Jesu preisen Gott (V. 51): Das Wort, das im Griechischen den Segen Jesu ausdrückt (eulogein, V. 51), ist dasselbe, das den *Lobpreis Gottes* beschreibt. Der Segen Jesu, der Menschen tröstet und ermutigt, der sendet sie zugleich nach Jerusalem zurück. Sie kehren verändert an den Ort des Leidens und Scheiterns zurück. Sie sind nicht länger enttäuscht und traurig, sondern »voller Freude« (V. 52). Hier hat Lukas die Geschichte von der Himmelfahrt Jesu inhaltlich zurückgebunden an das Geschehen von Kreuzigung und Auferstehung (V. 46/47). Die Segnung beinhaltet, dass sie selbst zum Segen für andere Menschen werden und eben darin Gott lobpreisen! Wenn ein Mensch für einen anderen zum Segen wird, dann tut er nicht nur etwas »für andere«, sondern es erfüllt ihn selbst »mit Freude«. Das ist die »Ästhetik der Gerechtigkeit«, denn es ist schön und erfüllt auch mit Freude, einen Traurigen zu trösten, einen Hungernden zu sättigen, einen Fremden aufzunehmen und einen Kranken zu begleiten.

Predigtidee

Unter freiem Himmel kann die Geschichte der *Himmelfahrt Christi als Segensgeschichte* erzählt werden: Der Himmel selbst als Symbol des Segens, als seelsorgerliches Symbol der Distanz und Nähe. Zum Segen wird der Himmel, weil Jesus in ihn auffährt und er den Himmel dadurch in einer konkreten Art und Weise inhaltlich qualifiziert (Macht der Barmherzigkeit und des Teilens). Indem Jesus in den Himmel entrückt wird, segnet er seine Freunde und sie selbst werden zum Segen für andere Menschen. Segnung und Sendung in die Welt legen sich wechselseitig aus. Indem Menschen einander zum Segen werden, lobpreisen sie Gott.

Predigtthema

Der segnende Christus – der Himmel als Symbol des Segens.

Vorschläge zur Liturgie

Lieder

Der Himmel geht über allen auf (EG 611); Ich lobe meinen Gott (EG 673); Wenn das Brot, das wir teilen (EG 667); Vertraut den neuen Wegen (EG 395)

Eröffnung

Wir feiern diesen Gottesdienst im Freien.
Wir haben uns zwischen Himmel und Erde versammelt.
Aber auf der Erde stehen wir, unsere Füße fest auf dem Boden.
Über uns die unendliche Weite des Himmels.

Gott des Himmels und der Erde,
Gott, dich können alle Himmel nicht fassen,
sei bei uns in diesem Gottesdienst.
Öffne unsere Augen und Sinne.
Lass uns die Weite und den Segen des Himmels erkennen.
Lass uns die Nähe deiner Liebe spüren.
Gib uns Talent, den Himmel auf Erden zu leben.
So sei bei uns in diesem Gottesdienst

Eingangspsalm (im Wechsel gesprochen)
Psalm 104

Als Gebet zu empfehlen: »Wenn das Leben Wurzeln schlägt«, in: Da hat der Himmel die Erde berührt. Menschenkinder Verlag, Münster.

Zeit der Stille

In der Stille kann ich zur Ruhe kommen, mir Zeit lassen anzusehen, was sich in den verborgenen Kammern von Herz und Seele gesammelt hat an Farben und Bildern, an Erlebtem und Erfahrenem.

Lesung

Apg 1,1–14

Sendung und Segen

Steig nicht nur in den Himmel
Bleib der Erde treu
Gott ist hier geboren
Und er liebt dich täglich neu.

Darum
Gehet hin
Wo Menschen leben
Sie brauchen eure Kraft.

Widersteht
Wo Menschen Unrecht tun
Sie brauchen euren Zorn.

Bleibt da
Wo Menschen leiden
Sie brauchen eure Nähe.

Es sei mit uns
Der Segen Gottes
Wie ein Lächeln der Freundschaft
So nah wie ein Zunicken
So spürbar wie ein Kuss
Es sei mit uns
Der Segen Gottes
Im Atemholen

Im Träumen und Wachen
Im Schmerz und in der Freude
Im Denken und im Tun
Im Verweilen und Fortgehen

Vorschlag zur Predigt

Möglicher Anfang

Wenn ich an den Himmel denke, dann fallen mir zunächst nur wohltuende und schöne Bilder, tröstende Bilder des Segens ein.

Schwerelos schwebt der Mensch – den Engeln gleich – im Himmel. Er verwirklicht den Traum vom Fliegen. »Über den Wolken, da mag die Freiheit wohl grenzenlos sein«, singt Reinhard Mey. »Alle Ängste, alle Sorgen, sagt man, blieben darunter verborgen.«

Wenn ich einen Menschen verehre und in ihn verliebt bin, dann himmle ich ihn an. Im Überschwang der Gefühle kann ich ihm sogar versprechen, den Himmel auf die Erde zu holen.

Wenn ich mich rundum glücklich fühle, dann sage ich »Es war himmlisch« oder »Das ist der Himmel auf Erden«. Manchmal reicht sogar ein Himmel nicht mehr aus, um diese Gefühle zu beschreiben, dann bin ich »wie im siebten Himmel«.

Auch die Werbung benutzt diese positiven Himmelsbilder und Gefühle: Vom himmlischen Kaffee bis zum himmlischen Brotaufstrich.

Wenn ich morgens erquickt und ausgeruht erwache, dann habe ich in einem Himmelbett geschlafen.

»Wo sind die Toten?«, fragen Kinder, und die Mütter antworten »Im Himmel, und von dort können sie dich sehen, sie begleiten dich«. Dort ist der Ort des Friedens und der Ruhe, der Ort grenzenloser Freiheit. Der Tod existiert nicht mehr. Es gibt weder Hunger noch Durst. Er ist der Ort ewigen Friedens. Die Mütter sagen das, um ihre Kinder zu trösten.

Wo wohnt Gott? Eben dort, wo die Freiheit grenzenlos ist, im Himmel. Wer wollte dann nicht an diesen Ort? »Wir kommen alle, alle in den Himmel.« Schon immer träumten Menschen davon, an diesen Ort der Freiheit zu reisen: Jakob träumt von einer Leiter, die auf der Erde steht, und die Spitzen reichen bis in den Himmel, und die Engel steigen auf dieser Leiter auf und ab. Elia reist mit einem Feuerwagen in den Him-

mel. Paulus durchreist verschiedene Himmelsstufen und kehrt zurück auf die Erde. Der auferstandene Jesus wird vor den Augen seiner Freundinnen und Freunde in den Himmel entrückt.
Der Himmel ist nicht leer: Sonne, Mond und Sterne bevölkern den Himmel. An ihm taucht, wenn es regnet und die Sonne scheint, der Regenbogen, ein Segenszeichen auf. Das Zeichen dafür, dass das Leben weitergeht und Gott treu zu seinen Verheißungen steht.
In der Offenbarung ist der Himmel geradezu möbliert: mit Edelsteinen, mit Jaspis, Saphiren, Smaragden und reinem Gold, gleich reinem Glas. Dort bedarf es keiner Sonne und nicht des Mondes Schein und auch die Sterne scheinen nicht. Die Herrlichkeit Gottes erhellt alles. Er wischt ab alle Tränen von ihren Augen, er behält alle und jeden im Gedächtnis und auch die kinderlose Frau braucht keine Kinder, um in Erinnerung zu bleiben. Der Tod ist nicht mehr, kein Leid, kein Geschrei und kein Schmerz mehr.
Man kann über diese Bilder und Vorstellungen lächeln. Aber Menschen brauchen wohltuende und ermutigende Bilder von einem freien, gerechten und glücklichen Leben, in dem jeder jeden in die Arme nimmt und der Himmel geht über allen auf.
Wie dichtete Joseph von Eichendorff:

Es war, als hätt' der Himmel die Erde still geküsst.
Dass sie im Blütenschimmer von ihm nun träumen müsst.
Die Luft ging durch die Felder, die Ähren wogten sacht,
es rauschten leis die Wälder, so sternklar war die Nacht.
Und meine Seele spannte weit ihre Flügel aus,
flog durch die stillen Lande,
als flöge sie nach Haus.

»Es war, als hätt' der Himmel die Erde still geküsst.« Es gibt viele Bilder und Vorstellungen vom Himmel. Welches Bild macht Menschen wirklich frei? Welches Bild ermutigt sie, hier auf Erden im täglichen, mühsamen und beschwerlichen Kampf ums Leben und Überleben zu bestehen?
Hören wir die Geschichte, die Lukas erzählt vom segnenden Christus und vom Himmel als Segen.

Zum weiteren Verlauf

Narrative Nacherzählung der Gedanken aus der exegetisch-homiletischen Skizze.
Daraus könnte auch die gesamte Predigt bestehen.

Möglicher Schluss

»In jedem Schritt, da geht ein Stück des Himmels mit.« Die Geschichte der Himmelfahrt Jesu erzählt von Menschen, die Abschied nehmen mussten von einem Menschen, den sie liebten, der ihnen Kraft und Lebensmut und ihrem Leben Sinn gab.

Ich kenne das, dass ich mich mit einem Menschen verbunden fühle auch über den Tod hinaus, dass er noch bei mir ist, mit seinen Worten, seinen Gefühlen und Gedanken. Ich kenne das Gefühl, dass jemand Anteil nimmt an mir und meinem Leben, obwohl er nicht mehr lebt, jemand, der mir nahe stand, den ich liebte und der mich liebt, mit dem ich reden kann, auch wenn er mir nicht direkt antwortet.

Die Geschichte der Himmelfahrt Jesu bewahrt diese Erfahrung auf, dass auch die Toten mit uns gehen, dass Jesus mit uns geht. In jedem Schritt, da geht ein Stück des Himmels mit. Es war diese Erfahrung und der Segen Jesu, der die Freunde Jesu nach seiner Himmelfahrt nach Jerusalem in die Hölle der mächtigen und Leben zerstörenden Gewalten zurückkehren ließ. Bevor Jesus in den Himmel fährt, segnet er seine Freunde. Er nimmt Abschied, indem er ihnen ermutigende und stärkende Worte mit auf den Weg gibt. Und obwohl er fern ist, ist er ihnen doch täglich nahe, bleibt er bei ihnen bis an das Ende der Welt.

Von Jesus sind in der Bibel nur zwei ausdrückliche Segenshandlungen überliefert: Er segnet die Kinder, die immer die ersten Opfer sind, wenn das Leben bedroht ist. Er segnet zum Abschied seine Freundinnen und Freunde; und so ist er bei ihnen und bei uns bis heute. Diese ermutigenden Erfahrungen zum Abschied haben ihnen Kraft und Stärke gegeben nach Jerusalem zurückzukehren, mitten hinein in den Alltag der Welt, mit seinen Gefahren und Nöten, weil sie wussten, er geht mit. Sie starren nicht mehr nach oben, sie gehen ihren Weg auf dieser Tränen getränkten Erde, sie, die gesegnet sind, werden zum Segen für andere Menschen und werden so zu seinen Nachfolgerinnen und Nachfolgern.

Aktion

Abendmahl unter freiem Himmel: Stehend im Kreis auf dem Marktplatz essen wir selbst gebackenes Brot und trinken Wein.

Das Brot ist der Himmel.
Wie du den Himmel
nicht allein haben kannst,
musst du das Brot
mit den anderen teilen.
Das Brot ist der Himmel.
Wie der Anblick
der Sterne am Himmel
allen gemein ist,
musst du das Brot mit den
anderen zusammen essen.
Das Brot ist der Himmel.
Kommt das Brot in deinen Mund hinein,
nimmt dein Körper den Himmel auf.
Das Brot ist der Himmel.
Ja, das Brot
Muss man teilen.

Kim Che Ha, südkoreanischer Dichter

Exaudi
Das Evangelium nach Johannes 15,26 bis 16,4

Regina Sommer

Exegetisch-homiletische Skizze

Die Perikope gehört zu den sog. Abschiedsreden Jesu im Johannesevangelium (13,13–16,33). Johannes zeigt Jesus als einen, der vor seiner Kreuzigung tröstend zu den Seinen spricht. Er bereitet sie auf seinen nahen Tod und auf die anschließende Zeit vor, in der er nicht mehr leiblich bei ihnen sein wird. Er fasst seine Botschaft noch einmal zusammen im Gebot geschwisterlicher Liebe (13,34; 15,12), und er verspricht seinen Jüngerinnen und Jüngern seine bleibende Gegenwart im Geist.
Die Abschiedsreden des Johannesevangeliums richten sich neben der engeren textlichen Situation zugleich an die christliche Gemeinde am Ende des 1. Jahrhunderts. Diese Gemeinde lebte als judenchristliche Minderheit innerhalb einer jüdischen Umgebung – von Johannes »Welt« genannt. Das jüdische Volk befand sich zu dieser Zeit in einer tiefen Identitätskrise. Der Tempel war zerstört. Der Krieg gegen die Römer verloren. Die jungen judenchristlichen Gemeinden erschienen den meisten im Volk in dieser Krise als Bedrohung und Hindernis auf dem Weg zu einem politischen und religiösen Neuanfang. Dies ist der historische Hintergrund für die Aussage, dass man in naher Zukunft die christliche Gemeinde aus der Synagoge hinausstoßen werde (16,2), sowie für einige andere Aussagen über Anfeindungen der Christen durch die jüdische Umwelt im Kontext der Perikope.
Die Christinnen und Christen werden in unserem Text zum mutigen Zeugnis gegenüber der »Welt« aufgefordert (15,27). Sie müssen den Mut zum Zeugnis jedoch nicht aus sich heraus schöpfen, sondern sie können Zeuginnen und Zeugen Christi sein, weil ihnen ein Tröster und Beistand verheißen ist, der von Gott selbst kommt (15,16 »der Geist ..., der vom Vater ausgeht«). Wie einst seinen Sohn, so wird Gott nun seinen

Geist, seinen *parakletos* (gr. »der Herbeigerufene«) zu ihnen senden. Dieser Geist steht ihnen bei in ihrer Auseinandersetzung mit der »Welt«. Zwei Kennzeichen hat dieser Geist: Er ist ein »Tröster« und ein »Geist der Wahrheit«. Beides kennzeichnet auch die Abschiedsreden Jesu: Er will die Seinen trösten, ihnen beistehen in der Stunde des Abschieds und er setzt sie der Wahrheit aus, der Wahrheit über ihre Situation und über seinen nahen Tod.
Trost und Wahrheit als Zeichen der Gegenwart des Geistes, als Zeichen der Gegenwart Christi. Erkennungszeichen für die, die Christus in ihrem Alltag bezeugen. Das ist der Fokus der Verse 15,26–27.
Wie kann man die verheißene Gegenwart Christi und die seines Geistes in der Welt erkennen? Kann man da überhaupt etwas erkennen – oder – hat Christus die Seinen mit seinem Tod verlassen, hält sich Gott heraus aus dem Weltgeschehen? Solche Fragen stellt sich vermutlich auch mancher Mann, manche Frau aus der Gottesdienst-Gemeinde. Befinden wir uns am Sonntag Exaudi zwischen Ostern und Pfingsten nicht in einer ähnlichen Situation wie die Jüngerinnen und Jünger damals: Der Geist ist uns verheißen, aber wo wird er anschaulich in unserem Leben, in unserem Alltag? Ähnlich wie die ersten Christen werden auch wir gelegentlich zum Zeugnis herausgefordert, müssen Rechenschaft ablegen gegenüber denen, die fragen: Wo zeigt sich denn euer Gott? Ist er tatsächlich mehr als ein bloßes Hirngespinst?
Hier finde ich Berührungspunkte zu unserem Alltag, zu unserer Situation heute. Ich entscheide mich deshalb dafür, den zweiten Teil der Perikope, die Verse 16,1–4, für meine Predigt auszuklammern. Sie bringen die konkrete Verfolgung der Judenchristen und das Märtyrertum ins Spiel. Diese Themen verlangen m. E. nach einer ausführlichen Erörterung der historischen Situation (s. o.), um platte antijudaistische Interpretationen zu vermeiden. Stoff also für eine zweite und andere Predigt. Ich entscheide mich dafür, am Sonntag Exaudi den Zeichen des Geistes – Trost und Wahrheit – nachzuspüren, in der Hoffnung, seine Spuren hier und heute, in unserem Alltag zu entdecken.

Verwendete Literatur:
Rudolf Bultmann, Das Evangelium des Johannes, KEK, Göttingen 1959 (16. Aufl.).
Predigtstudien I/1, hrsg. von Peter Krusche u. a., Stuttgart 1996.

Predigtidee

Trost und Wahrheit sind die Zeichen, an denen man den Geist Gottes erkennt.

Predigtthema

Das Wirken des Geistes in unserem Alltag.

Vorschläge zur Liturgie

Psalm 27 (EG 714 Ausgabe Sachsen)

Kyrie
Wir hoffen auf Gottes Geist,
der uns frei macht von Schuld und Angst,
der uns Kraft gibt zum Guten
und uns verbindet zur Gemeinschaft des Glaubens.

Gloria
Jesus sagt:
»Ihr werdet die Kraft des Heiligen Geistes empfangen,
und werdet meine Zeuginnen und Zeugen sein.«
Kyrie und Gloria aus: Agende I der EKKW, Bd.1, Seite 268

Tagesgebet
Gott, Quelle des Lebens,
Hilfe in Nöten,
Zuflucht in Ängsten:
Reichtum und Schönheit deiner Schöpfung
hast du in unsere Hände gegeben.
Hast uns befreit aus dem Gefängnis des Bösen,
erlöst von der Macht des Todes.
Hauche uns an mit deinem Geist,
dass wir im anderen dein Abbild erkennen

und füreinander eintreten,
als begegnetest du selbst uns
in jedem Bruder, in jeder Schwester.
Amen.
Quelle unbekannt

Schriftlesung: Eph 3,14–21

Lieder

EG 243 (Lob Gott getrost mit Singen); EG 557 (Ein Licht geht uns auf. Ausgabe Sachsen); EG 171 (Bewahre uns, Gott, behüte uns, Gott).

Fürbitten

Gott, Schöpfungskraft, wir bitten dich um deinen Heiligen Geist – den Geist des Trostes und der Wahrheit.
Wir rufen gemeinsam: Komm, Heiliger Geist!

Gott allen Lebens, auf dein Wort hören, an deine Güte glauben, nach deinem Willen leben:
Wie gut ist das, aber auch wie schwer!
Wir brauchen deinen Heiligen Geist,
der uns den Verstand schärft und die Hände stärkt.
Wir rufen gemeinsam: Komm, Heiliger Geist!

Gott aller Güte, der Kirche angehören, in der Gemeinde mitarbeiten, für die Wahrheit des Glaubens eintreten:
Oft scheint diese Mühe vergeblich.
Wir brauchen deinen Heiligen Geist,
damit uns Mut und Gehorsam, Geduld und Hoffnung nicht ausgehen,
damit unser Glaube wach bleibt.
Wir rufen gemeinsam: Komm, Heiliger Geist!

Gott aller Wahrheit, die Welt sehen, wie sie ist;
ihre Möglichkeiten ausschöpfen und ihre Grenzen sehen,
ihre Probleme bewältigen oder auch nur ertragen:
Wer von uns kann das?
Wir brauchen deinen Heiligen Geist,

damit wir die Hoffnung nicht aufgeben, uns aber auch nichts vormachen.
Wir rufen gemeinsam: Komm, Heiliger Geist!

Gott aller Liebe, wir leben in Beziehungen mit anderen Menschen. Das ist nicht immer leicht.
Wir brauchen deinen Heiligen Geist,
damit wir einander gerecht werden, uns gegenseitig vergeben
und gemeinsam von neuem beginnen können.
Wir rufen gemeinsam: Komm, Heiliger Geist!

Gott aller Gnade, Abschied nehmen, allein sein, geliebte Menschen begraben:
keinem von uns bleibt das erspart.
Wir brauchen deinen Heiligen Geist,
um unsere Trauer zu überwinden und doch nicht zu vergessen, was war.
Wir rufen gemeinsam: Komm, Heiliger Geist!

Wir danken dir, Gott, dass du uns hörst. Wir danken dir für deinen Geist, der uns neu belebt, als Kraft des Trostes und der Heilung, als Quelle der Lebensfreude, die immer wieder in uns aufbricht.

Nach einem Fürbittengebet aus: Agende I der EKKW, Bd. 1, Seite 283–284

Segen

Gott segne dich und behüte dich.
Gottes Geist beflügele deine Fantasie.
Gottes Atem lebe in deinen Träumen.
Gott begleite dich auf jedem Schritt heute, morgen und alle Tage.

Nach einem Segenswort aus: Heidi Rosenstock/Hanne Köhler, Du Gott, Freundin der Menschen, Kreuz Verlag, Stuttgart 1991, Seite 139

Vorschlag zur Predigt

Möglicher Anfang

Unser Predigttext stammt aus den so genannten Abschiedsreden im Johannesevangelium. Jesus spricht vor seinem Tod mit seinen Jüngern und Jüngerinnen. Er kündigt ihnen an, dass er sie verlassen wird und

verspricht ihnen aber, dass er sie nicht ganz allein lassen wird, sondern dass er ihnen den Geist als Tröster und Beistand schicken will.
Ich stelle mir die traurigen Jüngerinnen und Jünger vor. Sie wollen nicht, dass Jesus weggeht, viel lieber wollen sie, dass er weiterhin bei ihnen ist und sie gemeinsam die Sache Gottes weiterführen können. »Nein«, werden sie gerufen haben, »wir wollen keinen Geist, wir wollen dich, Jesus, in Fleisch und Blut hier bei uns! Wir wollen uns nicht von dir trennen, verlass uns nicht!« Einige von ihnen haben vielleicht schon erkannt, dass es Jesus ernst ist, dass er wirklich von ihnen gehen wird, aber sie fragen sich: »Wie stellt Jesus sich das vor mit dem Geist, den er uns senden will? Was ist das für ein Geist und woran werden wir ihn erkennen? Wer hilft uns, die Geister zu unterscheiden, wenn Jesus erst einmal von uns gegangen ist?«
Liebe Gemeinde, vielleicht sind das auch unsere Fragen. Der Tröster, der Geist der Wahrheit, der Geist von Gott, der auf Jesus hinweist – wie haben wir uns diesen Geist vorzustellen, den Heiligen Geist, heilig, weil er von Gott kommt? Lassen Sie uns an diesem Sonntag zwischen Himmelfahrt und Pfingsten, an dem wir uns auf das Kommen des Geistes, das wir an Pfingsten feiern werden, vorbereiten, lassen Sie uns gemeinsam darüber nachdenken, was es mit diesem Geist auf sich hat. Woran wir ihn erkennen, woran wir das Wirken des Geistes erkennen in unserem Alltag.
Denn wir befinden uns ja in einer ähnlichen Situation, in der sich die Jüngerinnen und Jünger nach Himmelfahrt befunden haben: Jesus ist in den Himmel aufgefahren, ist nicht mehr so ohne weiteres erfahrbar, erkennbar und sichtbar. Für viele unserer Zeitgenossinnen und Zeitgenossen ist Jesus endgültig gestorben, für andere ist er in den Himmel der Unverstehbarkeit aufgefahren. Und – seien wir einmal ehrlich – auch für viele von uns ist es nicht leicht, festzuhalten am Glauben an Jesus Christus, den Erretter. Und manche von uns fragen sich vielleicht auch: »Warum zeigt er sich nicht eindeutiger, warum lässt er uns allein, warum hat er sich entzogen, warum hat er uns verlassen, uns allein gelassen mit der Aufgabe, ihn heute zu bezeugen?« Denn das steht ja in unserem Text: Ihr, die ihr mir nachfolgt, ihr seid jetzt, wo ich fortgehe, meine Zeugen!
Keine leichte Aufgabe, auf jemanden hinweisen, jemand und etwas bezeugen, was man nicht sieht. Das werden auch die Jüngerinnen und

Jünger gedacht haben. »Wer wird uns noch glauben, wenn Jesus weg ist? Wird man noch etwas spüren von der Gegenwart Gottes, wird es genauso überzeugend sein, wenn wir selbst im Namen Jesu zu den Erniedrigten und Ausgestoßenen gehen?« Diesen zu Recht zweifelnden, ängstlichen Jüngerinnen und Jüngern, die sich fragen, ob sie überhaupt brauchbare Zeugen abgeben, diesen verspricht Jesus, dass er ihnen den Geist schicken will. Von dem Geist, den Jesus nach seinem Weggang senden will, werden in unserem Text zwei Dinge gesagt. Einmal nennt ihn Jesus den Tröster und dann noch den *Geist der Wahrheit.*

Tröster, so hat Luther das Wort übersetzt, das im Griechischen ›der Herbeigerufene‹ heißt, also derjenige, der herbeigerufen wird und dann auch herbeieilt, um Hilfestellung zu leisten. Das ist also die eine Seite des Geistes, den Jesus verheißt: eine Kraft, die uns beisteht, gerade, wenn wir uns unfähig fühlen, stellvertretend für Jesus untereinander und in dieser Welt tätig zu sein. Nicht zu den Selbstsicheren ist dieser Tröster, der Beistand gesandt, sondern zu denen unter uns, die sich fragen, ob denn sie kleines Licht, sie, die selbst immer wieder zweifeln, ob sie denn Zeugen Christi überhaupt sein können.

Der Tröster, das ist wichtig, ist kein Ver-tröster. Er steht uns bei in den Situationen, in denen wir uns am Ende fühlen. In Situationen, die wir meinen nicht mehr ertragen zu können. Da ist er da, der Tröster. Er gaukelt uns nicht eine heile Welt vor, er benebelt nicht unsere Sinne für einen Moment, sondern er hält es bei uns aus, steht uns bei, hilft uns, die Wahrheit zu ertragen.

Denn das ist die andere Seite des Geistes, dass er ein Geist der *Wahrheit* ist. Ein Geist, der nicht vertröstet und uns und anderen etwas vorgaukelt, sondern uns hilft, dem Beispiel Jesu zu folgen, den Finger auf die dunklen Stellen der Welt zu legen, eine Kraft, die uns hilft, Ungerechtigkeit nicht zuzudecken und Bosheit nicht zu verschleiern.

Beide Seiten des Geistes Gottes gehören zusammen: *Trost und Wahrheit.* Nur zusammen bezeugen sie das, was auch in Jesu Leben und Handeln sichtbar geworden ist: Trost und Wahrheit. Was die Menschen erfuhren, die Jesus begegnet sind: Trost und Wahrheit. Trost, wenn Jesus über Zöllner und Sünder nicht nur bedauernd geredet hat, sondern bei ihnen gesessen und mit ihnen gegessen hat. Das war Trost, das war nicht Vertröstung, sondern der Beginn einer neuen Wirklichkeit. Trost und Wahrheit. Wahrheit zeigte sich in Jesu Leben da, wo er die Menschen durch sein Verhalten überzeugt hat, dass in ihm Gott gegenwärtig ist. Wo die Menschen im Zusammensein mit Jesus erkannten: hier begegnet uns Gott und diese Erfahrung ihr Leben veränderte. Wo etwa der Zöllner aufhörte, anderen zu viel Geld abzuknöpfen, weil er Jesus begegnet war, weil Jesus ihn überzeugt hatte, überzeugt durch Wahrheit, nicht durch Rechthaberei.

Zum weiteren Verlauf

Trost und Wahrheit zusammen an einem Ort, das sind die Erkennungszeichen des Geistes, das sind auch heute die Hinweise auf die Gegenwart Christi in unserer Welt.
Trost und Wahrheit zusammen an einem Ort. Wo lassen sie sich heute bei uns finden?
Hier würde ich Konkretisierungen einbauen aus dem Alltag der Gemeindeglieder. Es sind im Übrigen nicht nur die großen, spektakulären Dinge, die der Geist bewirkt, sondern auch kleine, unscheinbare Veränderungen.

Möglicher Schluss

Trost und Wahrheit an einem Ort, die Zeichen des Geistes, die auf die Gegenwart Christi hinweisen – sie finden sich nicht nur innerhalb der Gemeinde, innerhalb der Mauern der Kirche. Das Wirken des Geistes, die Gegenwart Christi kommt ohne uns nicht aus, ist aber auch nicht auf unser Wirken beschränkt.
Trost und Wahrheit, die Zeichen des Geistes, sie finden sich auch an Orten, an denen wir es vielleicht gar nicht erwarten, und in Gestalten, die manchmal anders sind als unsere vertrauten Sprachwege und Formeln.
Trost und Wahrheit, ich finde sie zum Beispiel in diesem Bericht eines Wahlbeobachters von den ersten freien Wahlen in Südafrika:
»Es war in irgendeinem Wahllokal in Oranje; am ersten Wahltag sollten nur die Alten wählen. Gleich nach der Öffnung kam eine fast blinde, weit über achtzig Jahre alte Frau mit verhärmten Händen und gekrümmtem Rücken. Sie hatte lebenslang in einem weißen Haushalt gedient. Natürlich war sie Analphabetin. Sie bekam die Wahlprozedur mit dem Zettel, den Symbolen und Bildern der Parteivorsitzenden liebevoll erklärt. Dann hielt sie den Wahlzettel ganz dicht vor ihre Nase, und plötzlich strahlte sie los: Sie hatte das Gesicht Mandelas entdeckt. Sie

zeigte stolz darauf, der Helfer machte das Kreuz an die richtige Stelle, sie faltete den Wahlzettel, hielt ihn hoch wie eine Trophäe und tanzte. Sie tanzte durch das Wahllokal und sang auf Kisuaheli von Gottes Wunder und seiner Barmherzigkeit. Und sie umarmte die westlichen Wahlbeobachter, die weinten wie die Kinder.«

Entnommen aus: Predigtstudien I/1, hrsg. von Peter Krusche u. a., Stuttgart 1996, Seite 306

Lassen Sie uns gemeinsam wachsam sein in diesen Tagen bis Pfingsten, in denen wir uns auf das Kommen des Geistes vorbereiten, wachsam für die Gegenwart Christi, das Wirken des Geistes in unserer Welt und in unserem Alltag. Trost und Wahrheit zusammen an einem Ort – manchmal innerhalb der Kirche, sicher überall da, wo den Armen Gerechtigkeit widerfährt und die Schwachen und Bedürftigen getröstet werden. Trost und Wahrheit, Gegenwart Christi, für uns spürbar und erlebbar, wo wir wie die Jünger und Jüngerinnen an Pfingsten neuen Mut und neue Kraft bekommen, die Botschaft von der Liebe Gottes, die in Jesus Gestalt angenommen hat weiterzutragen in Wort und Tat.

Ich schließe mit einem Gebet aus der orthodoxen Kirche:

Komm, Heiliger Geist,
Tröster, Geist der Wahrheit,
Allgegenwärtiger und Alldurchwaltender,
du Hort aller Güter,
Spender des Lebens,
komm und erleuchte unsere Herzen.
Amen.

Tipp zum Text

Antijudaismus im Neuen Testament. Grundlagen für die Arbeit mit biblischen Texten, hrsg. von Dagmar Henze u. a., Gütersloh 1997. (Hilfestellung zum Umgang mit antijudaistischen Aussagen in neutestamentlichen Texten; Möglichkeiten der Neuinterpretation)

Pfingstsonntag

Das Evangelium nach Johannes 14,23-27

Götz Brakel

Exegetisch-homiletische Skizze

Unter den drei großen christlichen Festen fällt das Pfingstfest in mehrfacher Hinsicht heraus. Die Bedeutung des Festes ist bis weit in die Volkskirche hinein wenig bekannt. Das hat auch seinen Grund in der Sache selbst. Anders als bei Weihnachten und Ostern gibt es nicht nur die eine Geschichte von der Ausgießung des Heiligen Geistes, deren eine, die lukanische Erzählung in Acta 2, zur klassischen Pfingstgeschichte geworden ist. Sie ist obendrein prägend für die Stellung von Pfingsten im Kirchenjahr. Aber nicht sie wird im Jahr der Predigtreihe I mit all den Großtexten wie Lukas 2 und Markus 16 gepredigt, sondern Johannes 14.

Gerade im Vergleich zu anderen Pfingsttexten der Perikopenordnung kommt der vorliegende Text spröde daher, so dass beim bloßen Hören kaum Eindrücke zurückbleiben. Plastischer beispielsweise dagegen wirkt die Pfingstgeschichte aus Num 11, wo das Wirken des Geistes mit ungestümen Nebenwirkungen vorgeführt wird.

Der Verfasser des Johannesevangeliums redet in seiner Pfingstgeschichte vom »Tröster«, dem Parakleten. Wie immer Paraklet verstanden und übersetzt werden mag, »Tröster«, »Anwalt« oder »Beistand«, so versetzt die Gabe des Parakleten die Jüngerinnen und Jünger nicht in Ekstase. Sie geraten gerade nicht außer sich, sondern werden in sich und in ihrer Situation gestärkt. Denn sie sind in zweierlei Hinsicht bedrängt: Sie leben im scharfen Gegensatz zur Welt, wie es in V. 27 angesprochen wird, und Jesus kündigt an, sie zu verlassen. Es sind die *Abschieds*reden Jesu, in denen der johanneische Jesus den Parakleten verheißt. Jesus wendet sich an die kleine Schar der Jüngerinnen und Jünger und hat für sie die Botschaft: »Ich gehe. Ihr bleibt im Gegensatz zur Welt. Es gibt keinen

Grund zu verzweifeln, denn der Vater und ich bleiben bei euch – im Parakleten, den der Vater euch sendet.«

Gerade großen christlichen Festen ist es eigen, dass sie einen starken Indikativ aussprechen. Das ist auch Aufgabe der Predigt. Wenn also vom Text her »Verzweifelt nicht!« gepredigt wird, so gilt es umso mehr deutlich zu machen und zu konkretisieren, wie der Paraklet tröstet, bzw. beisteht. Eine Anleitung dafür geben die Schlüsselverben: Der Paraklet »lehrt« und »erinnert«. Rudolf Bultmann weist in seiner Theologie des NT darauf hin, »... dass die Offenbarung, die Jesus bringt, ... nur im ständig neuen Ereigniswerden ist. Und eben darin, dass dieses geschieht, besteht das Wirken des Geistes.« (a. a. O., ^{9}1984, UTB 630, Seite 441)

Eine Predigt über Verben zielt auf Erfahrung. Diese Erfahrung ist der johanneischen Theologie nach Erfahrung mit dem Wort Gottes. »In der Paraklet-Pneumatologie der Abschiedsreden wird der Heilige Geist vornehmlich als *Redender* geschildert; der Paraklet ist *Wort* – lehrendes, erinnerndes, Zeugnis ablegendes, überführendes, verkündigendes Wort.« (Walter Rebell: Erfüllung und Erwartung. Erfahrungen mit dem Geist im Urchristentum, ^{1}1991, Seite 70, sehr instruktiv zur johanneischen Geisttheologie Seite 62–76)

Beim Schreiben dieser Predigt habe ich die gottesdienstlichen Gemeinden in den zwei Dörfern vor Augen, in denen ich allsonntäglich predige. Gerade die spröde Abschiedsrede an die kleine Schar spiegelt eher unsere Situation als die Pfingstgeschichte aus Apg 2. Mein Eindruck ist: Die leicht melancholische Stimmung trifft auf die Empfindung der Kerngemeinde, die das Abbröckeln der Volkskirche im kirchlichen Alltag schmerzlich miterlebt.

Predigtidee

Eine Predigt über den Heiligen Geist verlangt nach Konkretisierung. Ich möchte exemplarisch deutlich machen, wie ein Mensch seine Pfingstgeschichte erlebt. Angesichts der Unanschaulichkeit des Textes halte ich es für umso wichtiger, anschaulich zu reden. Deshalb ein narrativer Predigtentwurf.

Inspiriert hat mich Peter Bichsel mit der »Rede für Fernsehprediger« (siehe Kontexte), in der er die Pfingstgeschichte seines Lebens erzählt.

Außerdem hat mich in meine Geschichte eines pfingstlichen Gottesdienstbesuches Reinhard Mawicks Rezension über einen Gottesdienst in Dortmund-Scharnhorst hineingebracht.
(http://www.chrismon.de/cservice/kirchgang/westfalen.html)

Predigtthema

Heiliger Geist, Glaube und Biographie, Pfingsten

Vorschläge zur Liturgie

Lieder

EG 124 (»Nun bitten wir den Heiligen Geist«); EG 432 (»Gott gab uns Atem«); EG 565 (Ausgabe NS, »Mein Schöpfer, steh mir bei«).

Lesungen: Apg 2,1–18 u. Num 11,11–12.14–7.24–25

Eingangsgebet

Guter Gott, Schöpfungskraft des Lebens, wir danken dir für diese Welt, Sonne, Licht und Luft, Erde und Wasser. Wir freuen uns über das Leben, den Körper und die Sinne, die Vielfalt der Menschenkinder, Alt und Jung, Hell und Dunkel, Groß und Klein.
Jesus, unser Bruder, auf dich berufen wir uns. Du bist Lüge und Zerstörung entgegengetreten, hast Versöhnung gestiftet, Menschen auf den Weg des Friedens gewiesen und gezeigt, wo das Reich Gottes unter uns anbricht.
Heiliger Geist, Atem der Veränderung, auf dich warten wir. Damit wir entdecken, wie du unserem Leben Richtung gegeben hast, so dass wir Einsicht gewinnen, wo wir falsch liegen, so dass wir zu Mut und Kraft kommen, wo Angst uns lähmt.

Fürbittengebet

Gott, wir freuen uns über dieses Fest und die freien Tage, so dass wir Zeit haben, über unser Leben nachzudenken.
Wir danken dir für das, was uns Lebensfreude schenkt: die Menschen, die wir lieben, das Lachen, die Musik, die Berührungen, die Schönheit

der Natur und der Kunst. Wir danken für den Sinn, den du unserem Leben gegeben hast. Du beschenkst überreich, und das Leben ist ein Fest.
Aber, Gott, wir haben Bitten an dich, weil uns doch meist nicht festlich zumute ist, weil wir im Alltag ersticken, weil die Ordnungen, die Uhr, die Arbeit, das eingespielte Miteinander, die Einsamkeit uns die Lebensfreude raubt. Gib uns deinen Geist, damit wir standhalten.
Wir bitten dich für die Menschen, die von der Langeweile zerfressen werden – im Krankenhaus, bei der Arbeit, in der Familie, in der Schule. Erfreue und ermutige die, denen alles Festliche verloren gegangen ist – in ihrer Partnerschaft, im Familienleben, bei ihrem Zeitvertreib. Wir denken auch an die Menschen, die uns innerlich beschäftigen: Behüte die, die uns lieb sind. Zeige uns einen Weg zu denen, die uns und denen wir Schwierigkeiten bereiten. Gib uns deinen Geist, damit wir uns versöhnen.
Schließlich, Gott der Gnade, bitten wir für unsere Kirche. So viel Langeweile strahlen unsere Gottesdienste aus, so viel Resignation unser Christsein. Wir haben Angst um unsere Gemeinden und die Kirche im Ganzen. Wir haben das Gefühl, wir sind auf dem Rückzug oder schlimmer noch: auf dem Weg in die Bedeutungslosigkeit. Lasse uns erkennen, wo wir Möglichkeiten haben, einen besseren Weg einzuschlagen, ohne uns von der Wahrheit des Evangeliums abzuwenden. Lasse uns nicht aufhören, uns für Benachteiligte und Schwache einzusetzen. Begeistere immer wieder Menschen, an der Kirche mitzuarbeiten. Gib uns deinen Geist, damit wir die Hoffnung nicht verlieren.
Gott, von dir kommt unser Leben, in deinem Geist empfangen wir die Fülle des Lebens, dein Sohn bringt uns dir nahe. Deshalb beten wir, wie er uns gelehrt hat ...

Vorschlag zur Predigt

Möglicher Anfang

Steingrau oder mausgrau? Feldgrau, beigegrau oder einfach nur grau in grau? Ich möchte Ihnen eine Pfingstgeschichte erzählen, die Geschichte von Bernd, und wer wie Bernd in Dortmunds Norden Anfang Mai bei Nieselregen durch die Straßen geht, ist gezwungen, über Grautöne nachzudenken. Bernd war früh aufgewacht an diesem Vormittag. Auch wenn

ihn heute kein Babygeschrei geweckt hat, seine Frau und der neugeborene Nils sind bei den Schwiegereltern in Hamburg, das frühe Aufstehen war zur Gewohnheit geworden. Als er – ungewohnt allein – beim Frühstück saß, die dicke Wochenzeitung durchblätterte, war es um ihn herum so seltsam still. Wie schnell man den Lärm und die Unruhe vermissen konnte. Menschen um sich zu haben, aber nicht unbedingt Kneipenfrühstück oder Fitnessstudio – das wäre ihm recht.
Aus der Zeitung fällt »Chrismon«, so eine Evangelische Beilage der Zeitung, die einmal im Monat mitgeliefert wird, ob man will oder nicht. Bernd blättert: ›Umfrage des Monats – was war an Pfingsten?‹ ›Sagt mir nichts.‹ meint Sibylle Berg, 35, Schriftstellerin, aber Guildo Horn, 39, Schlagersänger, kann erzählen: ... (s. u. Kontexte).
Was war an Pfingsten? Bernd kramt in seinen Erinnerungen ...

Zum weiteren Verlauf

»Ziemlich abgefahren – so war es an Pfingsten nie bei ihm ...«
Hier fange ich an, Bernds Erinnerungen an seine Konfirmanden- und Jugendzeit in der Nähe von Leipzig zu erzählen. Als junger Mann erlebt er die Wende, geht nach Westdeutschland, schließt ein Jura-Studium ab, heiratet und ist jetzt junger Vater. Zwischendurch blende ich immer wieder auf den Gottesdienstbesuch im grauen Dortmund über. Ich schildere den Kirchenraum, die Pastorin, die Gottesdienstbesucher und -besucherinnen, darunter eine afrikanische Familie, und schließlich den normalen Agende-1-Gottesdienst.
»... Die Pastorin erhob sich, trat an das Pult, die Lautsprecher lassen ihre Stimme ein wenig härter klingen. ›Herzlichen Glückwunsch zum Geburtstag, liebe Gemeinde!‹ begann sie und erklärte, dass Pfingsten die Kirche geboren wurde. Es sollte wohl wie ein Geistesblitz wirken, er kannte das schon aus der Konfirmandenzeit. Dann setzte die Orgel wieder ein: ›Nun bitten wir den Heiligen Geist‹. Ganz vage erinnerte er sich an diese alte Melodie und das Wort ›Elende‹, das gab es auch Mitte der 80er-Jahre in der DDR-Kirche ...«
Johannes 14 wird wie im richtigen Leben als Predigttext vorgelesen. Bernd hängt seinen Gedanken nach:
»... Sie sangen wieder. Nun bestieg die Pastorin die Kanzel. Sie liest aus der Bibel: (Textlesung) Dann ›Liebe Gemeinde‹ und die Predigt. Sie redet vom Trost, den so viele Menschen nötig haben. Die in der Gemeinde,

auch die in der Politik, die Abgewählten aus dem letzten Herbst, die entlassenen Manager in der Wirtschaft, die nach dem Berufsstress erst wieder leben lernen müssen. Bernds Gedanken schweiften ab, er war kein entlassener Manager, er brauchte keinen Trost ...
... Er musste an die Pfingstlager aus seiner Jugendzeit denken. Damals in der DDR, da war der Gottesdienstbesuch auch mager, die Lieder nicht packender, der Ablauf genauso eingefahren wie hier, aber Kirche war etwas Besonderes. In der Kirche konnte man reden, auf den Pfingstlagern hatten sie über Frieden diskutiert, endlos – ... Richard, der Gruppenleiter in der Jungen Gemeinde, sagte immer: ›Habt Courage, lasst euch nicht mundtot machen. Denkt an Jesus, was hätte der gemacht?‹
... Das war an Pfingsten, seine ganze Geschichte mit der Kirche, an die Bernd sich erinnert, und heute hat diese Kirche Geburtstag. Was ist heute an Pfingsten? Ein Gottesdienstbesuch und danach wieder Pause für Jahre. Damals hat die Kirche ihm geholfen, selbstständig zu werden, nicht einfach sein Mäntelchen in den Wind zu hängen und Nachteile in Kauf zu nehmen. Aber was ist heute an Pfingsten? Alle können alles sagen, ohne Nachteile in Kauf zu nehmen. Aber was gilt, ist Spaß und Geld, sonst nichts. Was kann Kirche heute bedeuten? ...«

Möglicher Schluss

Ich erzähle das Ende des Gottesdienstes: Als die Orgel den Gottesdienst ausklingen ließ und die Gemeinde dem Ausgang entgegenging, wo die Pastorin schon wartet und sich von jedem mit Handschlag verabschiedet, da drängte die afrikanische Familie aufgeregt auf die Pastorin zu: ›Frau Pastorin, unser Vermieter will für seinen Sohn unsere Wohnung haben. Wir müssen heraus. Was können wir tun? Wohnung haben ist so schwer und teuer in Deutschland.‹ ›Moment, gleich, wir können uns jetzt unterhalten. Ich werde versuchen Ihnen zu helfen, wenn ich die anderen verabschiedet habe.‹ Unterdessen zückte Bernd sein Portemonnaie, um etwas für den Opferstock am Ausgang zu entnehmen, und er zog außerdem noch eine Visitenkarte heraus, um sie der Pastorin zu geben: ›Ich bin Rechtsanwalt, wenn diese Familie Probleme hat, können Sie sich an mich wenden. Was mein Fach anbelangt, will ich gerne helfen.‹ Im Stillen dachte er: ›Mein Geburtstagsgeschenk für die Kirche.‹
Liebe Gemeinde, das war Bernds Pfingstgeschichte. Was ist für Sie Pfingsten?

Gestaltungsidee

Ein Gemeindeabend bereitet den Gottesdienst vor. Thema: An welcher Stelle meines Lebens habe ich Gottes Geist erlebt? Vielleicht ist jemand im Anschluss bereit, im Gottesdienst die eigene »Pfingstgeschichte« zu erzählen.

Symbole, Aktionen

Im Vorfeld des Festes führen die Jugendlichen im Konfirmandenunterricht eine kleine Umfrage über Pfingsten durch. Was wissen Freundinnen aus der Schule, die Väter und die Omas über Pfingsten, und: »Was sagt uns Pfingsten heute?« Die Umfrage kann mit einer Einladung zum Gottesdienst verbunden werden.

Kontexte

Ich mache in den Beizen, in denen ich einen guten Teil meiner Tage verbringe, mehr und mehr eine Beobachtung, die mich erschreckt. Der Lärm der laut Redenden ist ein anderer geworden. Sie streiten nicht mehr über Fußball, sondern sie sind sich laut einig darüber ... Sie sind mehr und mehr in allem, was sie sagen, überzeugt, dass es darüber einen hundertprozentigen Konsens gibt. Über die Tamilen wird nicht diskutiert, sondern nur festgestellt. Wer sich außerhalb dieses Konsenses stellt, ist kein Mensch mehr.
... Ich hatte das Glück, ein schlechter Fußballer zu sein. Der Konsens mit den Buben war mir verwehrt. Wollte ich trotzdem am Leben teilnehmen ... Ich brauche den Satz gar nicht zu Ende zu führen, das Wort ist gefallen: trotzdem. Trotz, ein anderer, ein ganz anderer sein, einer, der Bücher liest, einer, der in die Sonntagsschule geht, einer, der die Bibel liest und sonst Dinge tut, die niemand sonst tut.
Gegen meine eigenen Eltern zu trotzen, da hatte ich kaum Chancen, sie waren zu sanft und zu lieb und zu rücksichtsvoll. Ich hatte wirklich Anlass, sie zu lieben. Sie waren für alles Anständige und gegen alles Unanständige, ohne sich auch nur ein bisschen zu engagieren. Diskretion war ihnen wichtig. Also nahm ich das, was sie als anständig empfanden, die Bibel, die Kirche, wurde zum öffentlichen Bekenner, ... Dagegen konnten meine Eltern nichts einwenden, sie waren ja auch für die Kirche. Ich hatte nur ein Gebot verletzt, das Gebot der Diskretion. Das ist mir nicht leicht gefallen, es war mir außerordentlich peinlich. Aber mein Trotz hatte einen Gegenstand gefunden und einen Mann, der meinen Trotz annahm, Jesus von Nazareth ...
Meine Meinung war jetzt plötzlich meine Meinung. Ich hatte mich entschieden, ich hatte mich ge-

gen meine Biografie entschieden, und ich hatte mich gegen die Mehrheit entschieden. Ich wollte zwar erst einmal nur superanständig werden ...
Was ich dieser Kirche – wenn ich sie nicht mag – von Herzen gönne, ist, dass sie ihren Gründer nie loskriegen wird ... Christentum ist immer das andere, und ein Christ ist ein anderer, nicht ein gleicher.

Auszüge aus »Predigt für die andern« von Peter Bichsel (Seite 44–50), aus: Peter Bichsel, Möchten Sie Mozart gewesen sein? © Radius-Verlag, Stuttgart 1999

Umfrage des Monats – Was war an Pfingsten?
... CHRISMON fragte die Deutschen nach ihrer Meinung. Richtig ist: Zu Pfingsten feiern die Christen die Herabsendung des Heiligen Geistes auf die Apostel. Das wussten in Westdeutschland 39 Prozent aller Befragten, in Ostdeutschland allerdings nur 12 Prozent.
Fast die Hälfte der befragten Ostdeutschen konnte mit Pfingsten gar nichts anfangen, im Westen waren es 21 Prozent. Besonders schlecht schnitten die Berliner ab: Nur 4 Prozent von ihnen gaben die richtige Antwort – gegenüber 49 Prozent der Befragten in Bayern.
Viele Befragte verwechselten auch das Pfingstfest mit Ostern oder Christi Himmelfahrt ...

Stimmen zur Umfrage
...

Hüpfen und Springen
Früher sind wir an Pfingsten immer zur »Springprozession« ins Messdienerzeltlager in der Nähe von Echternach (Luxemburg) gefahren. Man hüpft dort Hand in Hand zu irgendwelchen kirchlichen Erleuchtungsklängen, was später in einem Festgottesdienst endet. Ziemlich abgefahren! Mein Tipp: Ruhig mal hinfahren und sich die Stammesrituale der Eingeborenen ansehen.

Guildo Horn, 39, Schlagersänger

Sagt mir nichts
Pfingsten sagt mir gar nichts. Ich weiß noch nicht einmal, was da passiert ist. War was mit dem Heiligen Geist? Ich bedauere für mich, dass mir Religion nichts bedeutet. Es wäre einfacher mitunter, eine klare moralische Richtlinie zu haben. Andererseits – als Religion in unserem Kulturkreis noch eine starke Bedeutung hatte, hat sie den Menschen auch nicht wesentlich weitergeholfen.

Sibylle Berg, 35, Schriftstellerin
http://www.chrismon.de/cframe-archiv.html (Mai 2002)

... mitten im Leben muss Gott erkannt werden; im Leben und nicht erst im Leiden, im Handeln und nicht erst in der Sünde will Gott erkannt werden.

Dietrich Bonhoeffer: Widerstand und Ergebung. Neuausgabe, hrsg. v. E. Bethge, ^{2}1977, Seite 341

Pfingstmontag

Das Evangelium nach Matthäus 16,13-19

Sebastian Feydt

Exegetisch-homiletische Skizze

Pfingstmontag 2003 – der erste Ökumenische Kirchentag ist vor wenigen Tagen zu Ende gegangen.
Noch sind die Medienberichte vielen präsent. Wie auch die Fragen und Bedenken, die durch das Ereignis in Berlin ausgelöst wurden: Wie steht es um die Zukunft der beiden großen Kirchen? Welche neuen Chancen hat die Ökumene in unserem Land? Und was bedeutet das alles für mich persönlich, für meinen Glauben, für meine Gemeinde?
Es ist ein Geschenk, jetzt, am Pfingstfest, bei zahlreichen Christinnen und Christen ein solches Problembewusstsein gepaart mit einer hoffnungsvollen Erwartungshaltung vorzufinden und darauf eingehen zu können. Noch dazu mit dem vorgegebenen Text. Er kommt in diesen Festtagen gerade recht. Bietet er doch die Möglichkeit, die Situation der Kirche inmitten der Gesellschaft mit den Fragen der Einzelnen inmitten der Gemeinde zusammenzuhalten und zusammen zu denken.
Voraussetzung dafür ist die Wahrnehmung der Tiefen- wie der Breitendimension von Mt 16,13–19.
Wichtig ist, sich von der theologischen Dichte der sieben Verse nicht verunsichern zu lassen, sondern sie als Herausforderung zu verstehen. Sehr hilfreich sind dabei die Ausführungen von U. Luz zur Stelle (EKK, Bd. 1, Teilbd. 2, Mt 8–17. Solothurn und Düsseldorf, ^{2}1990. Seite 450–483). Sie lassen die mätthäische Bearbeitung einer Textvorlage in Mk 8,27–30 ebenso deutlich werden wie die Ergebnisse der textkritischen Auseinandersetzung mit den Kernbegriffen des Abschnittes: Menschensohn, Petrus, Stein/Fels. So wird deutlich, woran Mt wirklich interessiert ist: die Gründung der Kirche als einen Entwicklungsprozess einer »petrinischen« Kirche vorzustellen. »Eine ›petrinische‹ Kirche ist wie Petrus

dauernd auf den Lehrer Jesus angewiesen und seiner Lehre verpflichtet. Und eine ›petrinische‹ Kirche wird immer wieder die Erfahrungen machen, die Petrus mit Jesus gemacht hat. In unserem Text geht es besonders um das wahre Bekenntnis der Kirche, das Petrus der Kirche vorgesprochen und das Jesus für sie bekräftigt hat.« (ebd., Seite 471)

Mt geht es um die Gründung der Kirche. Er hat dabei sowohl ihre Entstehung und weitere Entwicklung als auch ihre Grundlegung, also ihre Basis, ihr Fundament im Blick. Zusammengehalten wird beides in dem einen Bekenntnis, das Simon Petrus, stellvertretend für alle anderen Jünger, spricht: Du bist der Christus, der Sohn des lebendigen Gottes. Dieses Bekenntnis gründet die Kirche in dem einen, lebendigen, in der Geschichte handelnden Gott. Eine Grundlegung, die nicht zu überbieten ist. Deshalb wird dem, der sie öffentlich kundtut, die Seligpreisung zuteil. Jesus bekennt sich zu Petrus als demjenigen, mit dem er seine Kirche bauen will. Der Lebensdauer dieser Kirche sind keine Grenzen gesetzt. Unvergängliche Existenz wird verheißen. Nicht einmal die Pforten der Hölle, das Abbild des für Menschen nicht zu umgehenden Totenreiches, werden den Fortbestand der auf Fels gebauten Kirche aufhalten.

Und dennoch wird sich diese Kirche grundlegend unterscheiden von dem, was kommen wird. »Das kommende Himmelreich, in das man ›hineingehen wird‹, ist bei Mt ebenso klar von der Kirche unterschieden wie ... der Himmel von der Erde ...« (ebd., Seite 465)

Der Zugang zu diesem Himmelreich wird den Menschen durch Petrus eröffnet. Dabei kommt ihm die »Schlüsselgewalt« zugute, mit der er die Gabe des Bindens und des Lösens übertragen bekommen hat. Hinter diesem – im jüdischen Denken verwurzelten Begriffspaar – verbirgt sich die Befähigung der verbietenden oder erlaubenden Gesetzesauslegung, also des Lehrens. Petrus ist es demnach, dem die Aufgabe zukommt, den Willen Gottes, von der Lehre Jesu her, auszubreiten.

Dass allein ihm diese Beauftragung zugesprochen wird, dass es sich bei seinem Dienst um eine allein auf seine Person zugeschnittene Aufgabe handelt (die den Aufbau und die Existenz eines Petrus-Amtes rechtfertigen würde), ließe sich aus Mt 16,13–19 nur dann herauslesen, wenn die Gesamtsicht des Evangeliums des Mt außer Acht gelassen wird. Aber schon Mt 18,18 zeigt deutlich, in welcher Weise die Vollmacht des verbindlichen Lehrens auf alle Jünger übertragen wird. Es ist dieses »Ineinanander von geschichtlicher Einmaligkeit des Petrus und seinem für

jeden Jünger typischen Charakter« (ebd., Seite 466), das die Diskussion um ein Petrus-Amt oder einen Petrus-Dienst bis auf den heutigen Tag Teil der ökumenischen Debatte sein lässt.
Inwieweit diese Debatte die Pfinstgemeinde anspricht und betrifft, wird nur im Blick auf die konkrete Gemeindesituation zu entscheiden sein. Gleiches gilt für den Versuch, die Menschen vor Ort in die Verkündigung mit einzubeziehen. Wer bei der Predigt den Schritten des Textes folgt, wird zunächst der Frage nachspüren: »Was sagen die Leute, wer Jesus für sie ist?« Aktuelle Antworten lassen sich mit Hilfe einer Umfrage erzielen. Jugendliche sind in der Lage, an einem zentralen Ort Passanten entsprechend zu befragen. Die Antworten können im Eingangsteil der Predigt eingespielt werden. Einige Aussagen werden nicht weit entfernt sein von dem, was die Jünger in der Umgebung von Cäsarea Philippi beobachteten. Jesus wird auf Grund seines Wirkens mit Personen gleichgesetzt, die das Vertrauen der Leute gewonnen haben: Prägende Gestalten, die sich nicht scheuen, den Mund aufzumachen, die Veränderungen bewirkt haben, die andere beeindruckt und beeinflusst haben.
Der Frage nach der Meinung der Leute folgt die Frage nach der eigenen Meinung: »Und ihr, was sagt ihr, wer Jesus für euch ist?« Auch hier ist es wichtig zu hören, wie sich Gemeindeglieder zu dieser Frage äußern. Ein entsprechendes Interview am Sonntag zuvor an der Kirchentür kann Antworten auf diese Frage einfangen. So wird deutlich: Wie lauten heute die Glaubensaussagen in der Gemeinde? Gibt es angesichts der weit verbreiteten Not religiöse oder gar theologische Zusammenhänge zu formulieren, überhaupt Personen, die sagen, was sie glauben? Oder bleiben auch heute alle in den Vergleichen stecken, die Jesus auf sein irdisches Wirken reduzieren, ihn mit Personen wie dem Täufer oder den Propheten gleichsetzen?
Entscheidend wird sein, die persönlichen Glaubensaussagen so sensibel aufzunehmen und in den Predigteinstieg zu integrieren, dass sie – wie im Text – Schritte auf dem Weg hin zum Kern der Verkündigung werden. Denn Mt 16,13–19 stellt das eine Bekenntnis zu Jesus als dem Christus in den Mittelpunkt.
Auf dieses Bekenntnis folgt die Seligpreisung: »Selig bist du ...« Das ist der Zuspruch, die Ermutigung. Aber daneben steht der Anspruch, der sich mit dem Bekenntnis verbindet: Lösen und Binden, Befreien und Verpflichten, Fördern und Fordern – Lernen und Lehren. Das sind die

Aufgaben, die angesagt sind. Zuerst für einen – Petrus. Wenig später schon für viele – die Jünger. Heute für alle – uns alle, die wir beauftragt sind, über Pfingsten hinaus die Hoffnung auf einen weiten Himmel, auf das Reich Gottes anzusagen.

Predigtidee

Wo gefragt wird, was Menschen glauben, wo um das Bekenntnis zu Jesus Christus als dem Sohn des lebendigen Gottes gerungen wird, dort baut sich die Kirche, dort entsteht Gemeinde, dort geraten Menschen in die Lage, Verantwortung wahrzunehmen.

Predigtthema

Von der Frage zur Antwort – vom Bekenntnis zur Verantwortung.

Vorschläge zur Liturgie

Votum

Es soll nicht durch Heer oder Kraft, sondern durch meinen Geist geschehen, spricht der Herr Zebaoth. (Sach 4,6)

Lesungen

1 Kor 12,4–11; Mt 16,13–19

Lieder

Komm, Heiliger Geist, Herre Gott, EG 125; Freut euch, ihr Christen alle, EG 129; Ich träume eine Kirche; Du bist heilig; beide Lieder in: Fußnoten 2001 – Liedheft zum Kirchentag 2001

Credo

Ich glaube an Gott,
dessen Geist stürmisches Leben ist,
der spricht, und es geschieht,

dessen Geist redet und zugleich wirkt
und der Leben ist,
das wieder Leben schafft.

Ich glaube an Jesus Christus,
von Gott geschaffen durch sein Wort
und geboren nach Gottes Willen,
der geistesgegenwärtig redet
und im Geist der Wahrheit handelt,
der litt und starb
und der seinen Geist am Kreuz
in Gottes Hände zurückgab,
der in der Kraft des Geistes,
der lebendig macht,
den Tod überwunden hat
und der lebt.

Ich glaube an den Heiligen Geist,
der weht, wo er will,
der meiner Schwachheit aufhilft,
der furchtlos in Gottes Namen
redet und handelt,
der seine Gemeinde
mit dem Geist der Kraft und der Liebe
und der Besonnenheit ausstattet,
durch den auch ich hoffe,
wie neugeboren reden
und handeln zu können.

Aus: Kurt Wolff: ... aber ich bitte dich. Neukirchener Verlag, Neukirchen-Vlyn, 1993, Seite 98

Fürbitten

Gott, wir suchen dich.
Wir brauchen deine Hilfe.
Für uns und andere bitten wir:

Wir bitten dich um eine wahrhaftige Kirche,
die lebt, was sie glaubt;
die offen ist für alle;

in der sich Konfessionen nicht ausschließen,
sondern ergänzen.
Weil wir an diese Kirche glauben,
sie aber noch nicht haben,
rufen wir dich an: Kyrie eleison

Wir bitten dich für eine menschliche Welt,
in der nicht Gewalt und Recht,
sondern die Gerechtigkeit gilt;
in der Reiche und Arme teilen
und Kinder satt werden.
Weil wir an diese Welt glauben,
sie aber noch nicht haben,
rufen wir dich an: Kyrie eleison

Wir bitten dich für eine friedlichere Welt,
die nicht erschüttert wird von
Katastrophen, Kriegen und Konflikten,
sondern bestimmt wird vom
gegenseitigen Verständnis der Völker und Rassen.
Weil wir diesen Frieden brauchen,
ihn aber noch nicht haben,
rufen wir dich an: Kyrie eleison

Guter Gott, wir glauben, dass dein Geist wirkt
in allem, hinter allem und über allem,
was wir sehen, erfahren und erleben.
Bei dir ist nichts unmöglich.
Darum beten wir zu dir. Amen.

Nach: Hans-Martin Lübking: Jugendgottesdienst plus. Gütersloh 2001, Seite 79

Segen

Bleibt lebendig,
vom Atem Gottes beseelt,
bestellt sein Reich.

Bleibt lebendig,
von Gottes Kreuz gerichtet,
richtet euch auf.

Bleibt lebendig,
von Gottes Liebe erschaffen
schafft mit an seinem Reich.

Aus: Sybille Fritsch, Was mich beseelt, Seite 95, © tvd-Verlag Düsseldorf, 1991

Vorschlag zur Predigt

Möglicher Anfang

Gibt es eigentlich noch Fragen, die peinlich sind? Ein Blick in die Talkshows und Umfragen zeigt: Kaum noch. Es sei denn, es wird die eine Frage gestellt: die nach dem Glauben. Darauf reagieren viele Leute unangenehm berührt: »Was ich glaube, bleibt doch mir überlassen.« »Darüber möchte ich nicht sprechen. Glauben ist Privatsache.«
Ist das so? Müssen wir uns damit zufrieden geben? Werden in Zukunft wirklich alle glauben, was sie wollen? Wir wollten es genau wissen. Deshalb haben wir in (... Ortsangabe ...) Passanten nach dem christlichen Glauben befragt. Wir wollten wissen, wer Jesus für sie ist.
(O-Töne der Frage und Antworten einspielen; Alternative dazu: selbst Antworten einbringen)
»Was sagen die Leute, wer Jesus ist?« Mit eben dieser Frage wurden auch die Jünger konfrontiert. Sie wurden gefragt, was die Leute glauben. Ihre Antworten fielen unterschiedlich aus. Johannes der Täufer und die Propheten waren einige Möglichkeiten. Ähnlich weit ist das Spektrum auch heute. Wir haben es gehört.
Trifft das auch auf uns zu? Spannend ist es zu erfahren, wie unsere Meinung lautet. Was glauben wir denn? Auch diese Frage begegnet uns im Text: »Und ihr: Was sagt denn ihr, wer Jesus für euch ist?«
(Ebenfalls O-Töne der Antworten einspielen bzw. alternativ selbst nennen)

Zum weiteren Verlauf

Die ›Antworten der Straße‹ mit den Antworten aus der Gemeinde in Beziehung setzen.
Was ist der wesentliche Inhalt der Bekenntnisse heute?
Gibt es Verbindungslinien zum Bekenntnis des Petrus?
Denn auf diesem Bekenntnis basiert die Kirche. Auf der einzigartigen Verbindung zwischen Jesus Christus und Gott baut sich auf, was uns bis

heute als Christinnen und Christen der verschiedenen Konfessionen trägt. Ohne diesen transzendenten Bezug bleibt die Existenz der Kirche unbegründet.
Die Anforderung an den Hauptteil der Predigt besteht deshalb darin aufzuzeigen, was es heute heißt, zu bekennen: Du bist der Christus, des lebendigen Gottes Sohn. Die persönlichen Glaubensaussagen und Bekenntnisse sind dabei wesentlicher Bestandteil. Sie bedürfen aber des Korrektives, der verbindlichen Lehre, die sich an Jesus orientiert.

Möglicher Schluss

Fragen stellen ist das eine. Eine Antwort geben zu können das andere. Das trifft auch zu, wenn ich gefragt werde, was ich glaube. Diese Frage darf uns nicht peinlich sein. Diese Frage darf uns nicht unangenehm berühren. Denn in einer Welt, in der zunehmend mehr Menschen verschiedener Konfessionen und auch Religionen auf engstem Raum zusammenleben, wird es wichtig werden genau zu wissen, was ich glaube. Und nicht nur zu wissen. Ganz entscheidend wird sein, das auch ausdrücken zu können, Antworten geben zu können.
Antworten, die sagen, was ich glaube, worauf ich vertraue.
Antworten, die deutlich werden lassen, worauf ich im Vertrauen auf den lebendigen Gott hoffe.
Antworten, die sichtbar werden lassen, wie Begeisterung und Befreiung durch Gott geschieht.

Antworten dieser Art sind ein Ausdruck meiner Ver-antwortung.
Nur wer in der Lage ist, Antwort geben zu können, ist auch in der Lage, Verantwortung wahrnehmen zu können. Aber nur dort, wo Menschen verantwortlich leben, nur dort, wo Menschen ihrer Verantwortung vor Gott, vor anderen Menschen und letztlich ihrer Verantwortung vor sich selbst gerecht werden, hat das Himmelreich seine Chance.

Gestaltungsidee

Umfrage einige Tage zuvor an zentralem Ort (Was sagen die Leute?) und in der Gemeinde (Was sagt ihr?) durchführen und als O-Töne in den Predigteinstieg einspielen.

Trinitatis
Das Evangelium nach Johannes 3,1-8 (9-15)

Hanna Kreisel-Liebermann

Exegetisch-homiletische Skizze

Der Predigttext ist eingebettet in die Tempelreinigungs-Geschichte Joh 2,13–25 mit dem Hinweis, dass »viele an seinen Namen glaubten, da sie die Zeichen sahen, die er tat« (2,23) und Einzelaussagen (3,13–21) sowie das letzte Zeugnis des Täufers (3,22–36). Die Perikope 1–12 ist inhaltlich und sprachlich einheitlicher als die sich anschließenden Verse. Ich empfehle, den Text auf 1–8 zu beschränken, weil die antijudaistischen Tendenzen nicht noch erklärt werden müssten. Nikodemus wird in Johannes 3 erstmalig vorgestellt. Er ist ein Pharisäer und gehörte »zur jüdischen Obrigkeit« (3,1b). In 7,50f. tritt er für Jesus ein, indem er, wohl im Synhedrion, fragt: »Richtet denn unser Gesetz einen Menschen, ehe man ihn verhört und erkannt hat, was er tut?« (7,51) Er wird selbst der Anhängerschaft verdächtigt: »Bist du auch ein Galiläer? Forsche und sieh: Aus Galiläa steht kein Prophet auf.« (7,52) Nach Jesu Tod bringt Nikodemus den Jüngerinnen und Jüngern Jesu »Myrrhe gemischt mit Aloe, etwa 100 Pfund« (19,39), mit denen Jesus gesalbt wird. Wer war Nikodemus? Hat der Verfasser des Johannes-Evangeliums ihn als Person und mit seinen Taten exponiert, weil er innerhalb der johanneischen Tradition eine wichtige Rolle gespielt hat? Erfunden hat er ihn sicherlich nicht. An ihn knüpft sich eine Legende, nach der er selbst vom Rat ausgestoßen und halb tot geschlagen wurde und im 2./3. Jahrhundert wurde ein Evangelium unter seinem Namen verfasst (Keller, Seite 389). Er wird in dieser Begegnung als ein kluger Jude vorgestellt, der Jesus schätzt. Er spricht ihn mit »Rabbi« an und eröffnet damit einen rabbinischen Dialog. Dass er Jesus nachts aufsucht, wird ihm bei den weiteren Textstellen als »Titel« verliehen. Die Gründe für diese Wahl des Zeitpunktes bleiben im Dunkeln. Bangt er, wie jene, von denen in Joh 12,42f. zu lesen ist, um sein Ansehen und seine führende Stellung? Die Erfahrung von »Bedrängnis und Ausgegrenztwerden« (Habermann, Seite 528) war der Kontext, in dem das Johannesevangelium geschrieben wurde. Der Ausschluss der christlichen Minderheit aus der Synagoge (Joh 9,22; 12,42 und 16,2) wirkte für die mehrheitlich jüdischen Mitglieder der Gemeinde traumatisch, zumal die römische Unterdrückung nach der Zerstörung des Tempels alle bedrohte (Habermann, Seite 528 f.). Dem Verfasser liegt daran, die Gemeinschaft zu ermutigen, einander und der Botschaft Jesu treu zu bleiben. Nikodemus beginnt das Gespräch mit einer Wertschätzung Jesu: »Rabbi, wir wissen, dass du als Lehrer von Gott gekommen bist, denn niemand kann diese Wunderzeichen tun, die du tust, wenn nicht Gott mit ihm ist.« (3,2) Folge ich dem »Wir«, war er nicht der einzige Pharisäer, der Jesus achtete und in ihm einen Menschen sah, »mit dem Gott« sei. Jesus antwortet Nikodemus, ohne dass dieser zuvor eine explizite Frage gestellt hat. Implizit bewegt ihn wohl die Frage: Was ist deine Botschaft? Wer bist du? Die Aussage Jesu konfrontiert Nikodemus mit der Frage nach der natürlichen Geburt. Humor, sogar Ironie ist hier durchaus zu entdecken (Moser, Seite 54). Das Gespräch hat einen offenen Ausgang und die Hörenden und Lesenden erleben eine »Prozessualisierung von Vagheit« (Urban Seite 179). Das Motiv des »Neu-geboren-werdens« (gennethe anothen) und »geboren aus« (gennethe ex) ist singulär; die Themen »Geist (Pneuma)« und »Wasser (Hydor)« werden theologisch intensiv beleuchtet (z. B. »lebendiges Wasser« 4,10 f.; »Gott ist Geist« 4,24; »der Geist ist's, der lebendig macht« 6,63)

Gottesdienst Trinitatis: An diesem Sonntag wird die Gleichwertigkeit und Gleichrangigkeit von Gott, Jesus Christus und des Heiligen Geistes bedacht und gefeiert. Es gibt keinen »Anlass«, der im Kirchenjahr verankert wäre, aber Pfingsten klingt noch nach. Die Dreifaltigkeit wirkt aus Sicht vieler Gemeindemitglieder eher abstrakt und schwer verständlich. Der Text hat sich mir immer wieder entzogen. Die Vagheit, die in ihm enthalten ist, lässt sich nicht auflösen. Die Kommunikationsstruktur ist komplex, es wirkt, als fänden sie keine gemeinsame Ebene. Auf den ersten Blick: das Konkrete, Natürliche (Sarx/Fleisch) gegen das Spirituelle (Geist/Wasser). Auf den zweiten Blick wird die Verwirrung entknäuelt: Das Humorvolle wird sichtbar. Der Kommunikationsprozess, an dem wir

Anteil haben, und *eine* mögliche Deutung des Neu-geboren-werdens aus Wasser und Geist sollten Inhalt der Predigt sein. Die Antwort: »Taufe und Gnade« ist zwar systematisch-theologisch treffend, aber beide implizieren einen lebenslangen Weg: Die Taufe ist nicht mit der Handlung abgeschlossen, und die Gnade wird uns unerwartet geschenkt. Im Gottesdienst sollte die bewegte Wind-Geisteskraft spürbar werden, die zu neuem Leben im Reich Gottes und der Gemeinschaft befähigt. Die starken Bilder brauchen Raum, den sie durch meditative Elemente bekommen. Der trinitarische Aspekt wird in der Liedauswahl, in den Gebeten und der Lesung berücksichtigt.

Predigtidee

Die humorvolle, leichte Seite der Geschichte hervorheben entgegen einer Belehrung. Dem Geheimnis nachgehen und die Irritation nicht gänzlich auflösen. Körperlich spürbar werden lassen, was es bedeuten könnte, »neu geboren zu werden aus Wasser und Geist«.

Predigtthema

Zwei Themen: Offene Kommunikation und Heiliger Geist

Vorschläge zur Liturgie

Die **Begrüßung** sollte an diesem Sonntag mit einem Votum beginnen oder besser enden; z. B.: Wir feiern diesen Gottesdienst im Namen Gottes, Quell allen Lebens, Jesu Christi, unseres Bruders, und der heiligen Geistkraft, die uns bewegt.

Psalmgebet
Gemeinde im Wechsel entweder mit der Liturgin oder zwei Gemeindegruppen; Psalm 36 wegen des Motivs »bei dir ist die Quelle des Lebens«. Als Epistel: Röm 11,32–36. Jes 6,1–13 hat viel Erklärungsbedarf in Verbindung mit Joh 3,1–12; insbesondere die Worte über die Verstockung.

Fürbitten

Dankbar beginne ich mit jedem Atemzug, neu zu leben.
Ich traue mich, tief durchzuatmen
im Vertrauen auf dich, Gott.
Mit meinen Worten
bin ich auf der Suche,
will die geheimnisvollen Worte Jesu verstehen.
Manchmal, Gott, treiben mich mitten in der Nacht
meine Gedanken und Gefühle, meine unbeantworteten Fragen um.
Meine Sorgen lassen mich oft nicht schlafen.
Gib mir Mut, mich aufzumachen.
Nimm mir die Angst, dass ich zu wenig weiß
und dass ich nicht gut genug bin.
Jeden Tag, jede Stunde, jede Minute, jede Sekunde,
Gott, gibst du uns die Chance, uns zu besinnen
und in unserem Leben zu verändern, was uns hindert,
zu wachsen und aufeinander zuzugehen.
Durch deine Geisteskraft
lässt du uns den Durst nach dem Wasser des Lebens spüren,
weckst in uns den Wunsch nach frischem Wind,
der uns in Bewegung bringt.

Gemeinde: EG 470 Der du bist drei in Einigkeit

Wir bitten für die Kranken und Sterbenden,
für die Angehörigen, die einen geliebten Menschen verloren haben.
Wir vertrauen sie deiner Liebe an.
Lass uns genau hinhören und hinschauen,
was sie von uns brauchen,
und mit ihnen sein, so gut wir es vermögen.
Wir bitten für die Jungen und Mädchen
in unserer Gemeinde und für uns,
dass wir ihnen als offene und zugewandte Frauen und Männer begegnen,
die ihre Gaben fördern und unterstützen.
(falls ein Kind getauft wurde:)
Wir bitten für …,
seine/ihre Eltern, seine/ihre Patin/Paten,
sei du mit ihnen,

schenke ihnen Güte und Weisheit, Liebe
und Humor, um ... zu begleiten. Amen.

Gemeinde: EG 470 Der du bist drei in Einigkeit

Vaterunser

Lied
EG 171 Bewahre uns, Gott (zu diesem Lied können passende Gesten vorgestellt werden, die die Gemeinde im Stehen mitmacht)

Da der aaronitische Segen einer der vorgesehenen Predigttexte (Reihe V) ist, ist es sinnvoll, ihn an diesem Sonntag zu wählen.

Liedvorschläge
EG 324, 1 und 2: Ich singe dir mit Herz und Mund (in Strophe 2 die Motive »Brunn der Gnad und »ewge Quelle«); EG 130,1–3 und 5: Oh Heilger Geist, kehr bei uns ein; Halte deine Träume fest, Text: Eugen Eckert, Musik: Jürgen Kandziora, © Lahn-Verlag, Limburg; Morgen der Hoffnung, Text: Heidi Rosenstock, Musik: Bernd Schlaudt, © bei den AutorInnen (entnommen aus Liederheft zur ökumenischen Dekade »Solidarität der Kirchen mit den Frauen«, hrsg. von Beratungsstelle für Gestaltung von Gottesdiensten, Frankfurt/M., 1993, Seite 24); Abendmahlslied (auch an Stelle des Sanctus) du bist heilig, Text und Musik: Per Harling, deutscher Text: Fritz Baltruweit, © Text und Musik beim Autor, © deutscher Text: tvd-Verlag, Düsseldorf (entnommen aus: Lieder für Leipzig, 32. DEKT (Hrsg.), Strube-Verlag, München 1997, Lied Nr. 18); EG 470: Der du bist drei in Einigkeit, ein in seiner musikalischen Fremdheit den Dreifaltigkeitssonntag betonender von Martin Luther getexteter Hymnus

Vorschlag zur Predigt

Möglicher Anfang
Liebe Gemeinde, wann haben Sie das letzte Mal mitten in der Nacht jemanden besucht? Ausgerechnet nachts, das gehört sich doch eigentlich

nicht, oder? Das ist ungewohnt für die Besuchenden wie für die Besuchten. Was hat Sie bewogen, ihn oder sie mitten in der Nacht aufzusuchen? Ich vermute, da war etwas Besonderes passiert: Vielleicht war gerade ein Kind geboren? War es ein trauriger Anlass; ein Ihnen vertrauter Mensch war gestorben? Oder ein dramatisches Ereignis: Jemand brauchte sofort Hilfe? Grundlos gehen wir nachts nicht zu anderen, wir schlafen lieber und gönnen unseren »lieben Nachbarn und Nachbarinnen« ihren Schlaf. Allerdings (so Jugendliche im Gottesdienst sind), ihr Jugendlichen, ihr Konfirmanden und Konfirmandinnen habt sicherlich noch andere Ideen, die euch verleiten, nachts Freunde und Freundinnen zu besuchen. Interessantes gibt es von der letzten Konfirmandenfreizeit zu erzählen: Die nächtlichen Unternehmungen waren wohl die aufregendsten ... Nachts lässt sich so manches eher besprechen »im Schutz der Dunkelheit«. Ja, die Nacht birgt ihre eigenen Geheimnisse ... Und manchmal beunruhigt mich nachts ein Gefühl oder Gedanke, ein Erlebnis, ein Gespräch so sehr, dass ich nicht schlafen kann. Dann möchte ich mich sofort aufmachen, um Ungeklärtes zu klären. Ein nächtlicher Besuch. Von einem solchen hören wir in unserem Predigttext:
Joh 3,1-12 lesen (Lesungen in gerechter Sprache).
Nikodemus, ein gelehrter, weiser Jude, der zu den Ersten, zu der Obrigkeit gehört, besucht Jesus nachts. Was mag sein Motiv gewesen sein? Es wird uns nicht mitgeteilt. Fürchtete er um sein Ansehen, um seine gesellschaftliche Stellung, wenn er beobachtet würde? War er selbst gefährdet, wenn er den mit Argusaugen beobachteten vermeintlichen Aufrührer Jesus öffentlich besucht hätte? Oder wollte er mit Jesus ganz allein sprechen, dann, wenn seine Gefährten und Gefährtinnen schliefen? War ihm sein Anliegen so drängend, dass es keinen Aufschub duldete? Immer, wenn von Nikodemus erzählt wird, wird er im Johannesevangelium beschrieben mit »der Jesus nachts besuchte«, wie ein »Titel«: Das war der, der nachts zu Jesus gegangen ist. Das klingt nicht beschämend, sondern eher wie »der hat sich getraut«.

Zum weiteren Verlauf

1. Da es sich hier nicht um ein inszeniertes Missverständnis handelt, sondern um den Dialog zweier sprachfähiger Juden über ein Thema, das die johanneische Gemeinde intensiv bewegt hat, sollte beides, das Kommunikationsgeschehen an sich und der Inhalt, entfaltet werden.

2. Was will Nikodemus von Jesus? Zunächst sagt er: Ich schätze dich wert und ich nehme wahr – und nicht nur ich –, dass Gott mit dir ist. Du, Jesus, bist für mich ein besonderer Mensch, ein Prophet vielleicht? Mit dir möchte ich hier und jetzt sprechen. Und nun beginnt ein Dialog, der es in sich hat.

3. »Neu geboren werden aus Wasser und Geist«: Wie kann das sein? Was meint Jesus damit? Nikodemus ist ein weiser, gelehrter, wohl älterer Jude in einer Leitungsfunktion. Natürlich hat er Recht: Eine Geburt ist unumkehrbar. Einmal aus der Einheit mit der Mutter gelöst, gibt es kein Zurück. Heute könnten wir sagen: Was hat Jesus für Wünsche nach Wieder-Einssein mit der Mutter, welche regressiven Anteile bewegen ihn? Und das auf dem Hintergrund der engen Bindung jüdischer Kinder/Söhne an die »Mamme« (Filme von Woody Allen). Nikodemus ist nicht dumm oder verblendet. Keinesfalls. Es klingt beinahe, als klinge ein Lachen mit: Rabbi Jesus, das erklär mir mal, so etwas Absurdes. Wie verstehen wir die Antwort Jesu? Verstehen wir sie? Sind wir auch erst einmal irritiert? Wie können wir denn »neu geboren werden« – und ohne, dass wir es werden, kommen wir nicht in das Reich Gottes. Unser Körper, unsere leibliche Geburt – sind die unwichtig? Ich denke, das ist nicht das Gegenüber. Die leibliche Geburt ist unser Schritt in das Leben – und das Leben »außerhalb des Mutterleibes« beginnt mit dem ersten Atemzug, mit der ersten Luft, die die Lungen erfüllt und ausgeatmet wird. Pneuma heißt das griechische Wort, das für Geist steht. Zugleich bedeutet es Lufthauch, Wind, Klang, Atem, Atemzug und Leben, aber auch Sinn und Gesinnung. Luft und Wasser: Elemente und Lebenskräfte. Ohne Wasser gäbe es gar kein Leben – und damit meine ich nicht die hilfreiche Gebär-Methode im warmen Wasser. Das Atmen geschieht – und hält uns am Leben. Lassen Sie uns das heute Morgen mal ganz bewusst tun.

Atemübung anleiten (s. u.). Daran kann sich eine Orgelmeditation anschließen oder auch ein kurzer Austausch mit den NachbarInnen im Kirchenraum.

4. »Ich fühle mich wie neugeboren« – ja, so geht es mir manchmal nach einem guten Erlebnis, einem langen Spaziergang durch den Wald, einem gelungenen Abend oder auch nach einer stärkenden Begegnung: hier in der Gemeinde. »Wie neugeboren« – das ist noch etwas anderes als »neu geboren werden«. Wir verwenden die Metapher; aber wer nicht neu geboren wird, kann das Reich Gottes nicht sehen, sagt Jesus nach

dem Johannes-Evangelium. Eine richtige Wandlung, so verstehe ich den Text: keine einmalige, sondern eine, die sich lebenslang vollzieht. Ein Durst, der kaum zu stillen ist: Der Durst nach dem Wasser des Lebens wird geweckt. »Die Geisteskraft weht, wo sie will, und du hörst ihre Stimme, aber du weißt nicht, woher sie kommt und wohin sie geht.« (Joh 3,8) Wer sich auf dieses Wagnis einlässt, ist unterwegs und wird mal hierhin, mal dorthin gelockt. Unsicherheit und Freiheit, die gehen Hand in Hand.

Schluss

Spüren Sie die Verlockung, die sich in dieser Geschichte verbirgt? Wir wissen nicht, was Nikodemus geantwortet hat. Nach dem Johannesevangelium ist er allerdings in der jüdischen Leitungsgruppe, zu der er gehörte, für Jesus eingetreten. So weit, dass er sogar selbst verdächtigt wurde, zur Gruppe des Galiläers zu gehören. Und er hat, so lesen wir, eine überaus große Menge, nämlich 33 Kilo, kostbare Myrrhe und Aloe an den (wohl geheimen) Ort gebracht, wo Jesus eingesalbt wurde. Diese Taten folgten wohl aus jener ersten uns überlieferten Begegnung zwischen den beiden Juden Jesus und Nikodemus. Mitten in der Nacht.

Gestaltungsidee

In der Kirche eine Schale mit Wasser, in der eine kleine Pumpe ist, mit Steinen zugedeckt, sprudelndes Wasser, das während des Gottesdienstes zu hören ist. Schön wäre es, an diesem Tag ein Kind zu taufen und die Symbolik der »ersten und der neuen Geburt« zu bedenken. Die Symbolik des Geist-Windes wird vertieft durch das eingespielte Geräusch von Wind als Einstimmung zur Atemübung.

Symbole, Aktionen

Atemübung: Aufstehen: strecken und recken, gähnen, das gibt Sauerstoff (Fenster evtl. öffnen) und treibt das Wasser in die Augen; und verhilft uns dadurch zum besseren Sehen. Die Beine hüftbreit hinstellen. Die Arme seitlich ausgebreitet, die Handflächen nach unten langsam nach oben führen, über dem Kopf aufeinander zu bewegen (Handflächen nach außen) und vor der Brust zur Mitte, dann zur Seite in Hüfthöhe, die Handflächen nach oben und ausatmen, wieder von neuem beginnen. Sehr ruhig ca. dreimal durchführen. Alternativ – oder ergänzend zur Atemübung: Gesten zum Segenslied EG 171 Bewahre uns, Gott ...

Tipps zum Text

Gedicht von Rudolf Otto Wiemer: Wegen der zugeschlagenen Tür
Türen, sie werden rasch zugeschlagen, schon ein Scherzwort genügt, ein Zucken der Schulter, und die eisernen Angeln sind taub – du aber, Gott, der du öffnest, nicht zuschlägst: Wandle den störrischen Sinn, bewege das fühllose Holz und halte zur Not den Finger dazwischen. (Wiemer, 82)

Literatur

Ruth Habermann: Das Evangelium nach Johannes aus: Luise Schottroff, Marie-Theres Wacker (Hrsg.): Kompendium feministische Bibelauslegung; Chr. Kaiser/Gütersloher Verlagshaus, Gütersloh 1998, Seite 528–541

Hiltgard L. Keller: Reclams Lexikon der Heiligen und der biblischen Gestalten, Philipp Reclam jun. Stuttgart 1979 (4. Auflage)

Friedrich-August von Metzsch: Bild und Botschaft. Biblische Geschichten auf Bildern der Alten Pinakothek München, Schnell & Steiner, Regensburg 2002

Félix Moser: Mißverständnis und Ironie in der johanneischen Argumentation und ihr Gebrauch in der heutigen pfarramtlichen Praxis aus: Martin Rose (Hrsg.): Johannes-Studien. Interdisziplinäre Zugänge zum Johannes-Evangelium. 1990, Publications de la faculté de théologie de l'université de Neuchatel, Suisse, Seite 47–73

Christina Urban: Das Menschenbild nach dem Johannesevangelium, Grundlagen johanneischer Anthropologie, Tübingen 2001

Rudolf Otto Wiemer: Der Augenblick ist noch nicht vorüber, Kreuz-Verlag Stuttgart 2001

1. Sonntag nach Trinitatis
Das Evangelium nach Lukas 16,19–31

Reinhard Laser

Exegetisch-homiletische Skizze

Vom Rahmen her ist das eine Geschichte gegen den Geiz. (V. 14: »Das alles hörten die Pharisäer auch, die waren geizig, und spotteten sein.«) Damit verbietet sich jede Dialektik, die den Reichen zum Armen und den Armen zum Reichen macht. Nicht Rilke: »Armut ist ein großer Glanz aus Innen«, sondern Günter Brakelmann (mündliche Äußerung vor der Kreissynode Duisburg-Nord): »Armut ist Scheiße!«

Das Gleichnis trägt märchenhafte Züge: Die Extreme werden geradezu klischeehaft einander gegenübergestellt. In der (Gemeinde-)wirklichkeit durchdringt sich beides. Es wird Hörerinnen und Hörer geben, die am »Lazarusparadigma« (Schibilsky) teilhaben, sei es durch Krankheit, sei es durch Erfahrung sozialer Ausgrenzung, sei es durch Abhängigkeiten. Dem dargestellten »Idealtypus« entspricht keiner. Allen geht es an irgendeiner Stelle besser. Lazarus kommt nicht in den Gottesdienst, nicht nur in Deutschland nicht. Der Reiche vermutlich auch nicht. Der Status der Gemeindeglieder bewegt sich irgendwo dazwischen – zwischen Arm und Reich.

Wenn wir es mit einer Geschichte gegen den Geiz zu tun haben, ist relativer Reichtum in den Lebenskreisen der Gemeindeglieder zu identifizieren. Wo sind die Gemeindeglieder reich (Zeit, Gesundheit, Haus, Geld)? Wo sind sie geizig? Wo haben sie ein kaltes Herz? Welche sind die Kennzeichen der Armut? Wo begegnen die Gemeindeglieder ihr?

In irgendeiner Form ist den Hörerinnen und Hörern auch die Kluft bekannt: zwischen Arm und Reich, zwischen Himmel und Hölle, zwischen Seligkeit und Verdammnis.

Eine gewisse Enttäuschung und Ratlosigkeit könnte die angebotene »Lösung« zur Überwindung der Kluft erzeugen. Worte allein sollen sie überbrücken. Ein Buch, der (gepredigte?) Text des Alten Testaments soll die

Herzen verwandelnde Kraft haben. Das wirkt zunächst enttäuschend und unbefriedigend. Für den Reichen in der Hölle, aber auch für jeden jetzt lebenden Armen, der sich nach Veränderung sehnt. Das soll alles sein? Gesetz und Propheten sollen gesellschaftsverändernde Kraft besitzen? Zumindest der Möglichkeit nach. Eine ganz neue Kluft scheint sich aufzutun: Die Kluft zwischen dem in diesen Büchern erhobenen Anspruch und dem geringen Gehör, das er findet.
Mag sein, dass hier zwei Geschichten miteinander verwoben wurden, dass der »Abstieg« vom stimmigen narrativen Anfang zum Verweis auf ein Buch, auf kodifizierte Texte, Indiz für eine literarische Uneinheitlichkeit ist. Trotzdem kann die Predigt nicht umhin, den Verweis auf die Schriften des Alten Testaments als »Lösung« zu entfalten. Zum einen als Kontrast und Kritik gegenüber einer verbreiteten Wundersehnsucht derer, die unter der Kluft zwischen Arm und Reich leiden und sie durch ein Mirakel, ein übernatürliches Eingreifen Gottes geschlossen sehen möchten. Zum anderen durch eine behutsame Erhebung der biblisch-alttestamentlich vermittelten Werte und Normen, die immer noch – wenn auch im Schwinden begriffen – im Bewusstsein sind.
In den gleichen Problemhorizont führt übrigens der Wochenspruch Lk 10,16, mit dem mancherorts die Gemeinde begrüßt wird. Die geringen, unansehnlichen Boten stehen für den Herrn. Auch die Boten rufen eine gewisse Enttäuschung, ein Ärgernis hervor.
Für den Stil der Predigt käme es darauf an, im Genre zu bleiben, selber gleichnishaft zu reden, den Zuhörern den offenen Spielraum zu bieten. Direkte eindimensionale ethische Appelle verbieten sich also. »Gleichnisse haben nicht nur ›die Form eines Spiels‹ (Eichholz ... [Gleichnisse der Evangelien. Form, Überlieferung, Auslegung, Neukirchen ²1975, Seite 26]), sie sind im ontologischen Sinne Spiele, die sich auf das Gemeinte hin auf verschiedenste, aber immer regelhafte Weise, einstellen.« (Lothar Steiger, Erschienen in der Zeit, Kassel 1982, Seite 164)

Predigtidee

Das offene Ende der Geschichte regt an, sie unter den Bedingungen der (gemeindlichen) Gegenwart weiterzuerzählen, geleitet von der Frage: Was wird aus den fünf Brüdern?

Predigtthema

Die Überwindung der Kluft zwischen Arm und Reich, Himmel und Hölle.

Vorschläge zur Liturgie

Wochenpsalm oder Eingangspsalm

Traditionell ist Psalm 34,2–11 vorgesehen. Thematisch verwandt und als Alternativen denkbar sind Verse aus dem Magnificat (Lk 1,46–55) oder dem Lied der Hanna (1 Sam 2,1–10).

Lieder

Nahe liegend sind Lieder aus der Rubrik Frieden/Gerechtigkeit: EG 669 Herr, gib mir Mut zum Brückenbauen; EG 671 Unfriede herrscht auf der Erde; EG 672 Ich lobe meinen Gott; EG 673 Damit aus Fremden Freunde werden; EG 675 Lass uns den Weg der Gerechtigkeit gehen (jeweils Anhang Westfalen); Lied nach der Predigt: EG 369,1–3.6.

Eingangsgebet/Sündenbekenntnis

An diese Stelle könnte eine Klage treten.

1. Eine Klage über die Kluft zwischen Reichtum und Armut. Hier können auch Beispiele aus der Gemeindewirklichkeit laut werden (evtl. Bezugnahme auf aktuelle Vorfälle, Tageszeitung).

2. Eine Klage über die Vergeblichkeit aller Versuche, diese Kluft zu überbrücken. Hier kann alles zur Sprache kommen, was an Spendenfrust und Enttäuschung über missglücktes (finanzielles) Engagement latent in der Gemeinde kursiert. Auch das, was einem als Pfarrer immer wieder entgegengehalten wird, wenn wieder einmal ein Spendenskandal durch die Medien geht.

Beispiel

Ich kann nichts mehr in den Klingelbeutel werfen,
das Klimpern der Groschen ist doch wie Hohn.
Die mickrigen Ergebnisse treiben mir die Röte ins Gesicht.

Und wenn ich schon spenden wollte, wer sollte mein Geld denn kriegen?
Wo wird nicht Schindluder getrieben mit unseren Gaben?
Gibt es ein Hilfswerk, in dem die Verwaltung klein und bescheiden ist?
Durch unsere Spenden werden die Reichen noch reicher,
mit unseren Gaben stabilisieren wir nur die unerträglichen Verhältnisse.
Wo ist die Diakonie, die wirklich Hilfe zur Selbsthilfe leistet?
Wo kann ich geben, ohne Schaden anzurichten. Gibt es das überhaupt?
Ich will die schamlosen Bosse in den Spendenorganisationen nicht mehr mästen,
den widerlichen Kampf um die Almosen zur Weihnachtszeit bin ich so leid.
Das kaltschnäuzige Spendenmarketing widert mich an.
Ich weiß nicht, was ich machen soll, ich weiß nicht ein noch aus.
Ich bin nicht reich. Aber ich bin auch nicht arm. Irgendwie dazwischen.
Ein Ozean von Leid umgibt mich.
Ich finde nicht mehr durch, ich weiß nicht mehr weiter ...

Fürbittengebet

Gott,
Vater Abrahams, Isaaks, Jakobs und ihrer Familien,
lass uns hinsehen,
wenn sie uns begegnen,
die hoffnungslosen Fälle,
die Lästigen,
die armen Teufel,
mit ihren immer neuen Geschichten.
Lass uns in ihnen den Lazarus vor unserer Tür erkennen.

Lass uns reden,
die alten Worte, von der Nächstenliebe
von den unmodernen Tugenden: Hilfsbereitschaft und Erbarmen
von deinen guten Geboten.
Lass uns zu ihnen stehen,
sie nicht verschweigen.

Lass uns reden,
Stimme sein für die Stummgemachten,
Klage erheben über Elend mitten unter uns,
das zum Himmel schreit.

Wärme unsre Herzen,
aus Liebe zu teilen das Gute,
das wir in unserem Leben empfangen haben,
damit wir Freunde gewinnen
im Himmel und auf Erden.

Lesung
Jes 58, ausgewählte Passagen

Vorschlag zur Predigt

Möglicher Anfang
Eine wohl bekannte Geschichte – archetypische Szenen, urvertraute Bilder, tief ins Unterbewusstsein eingeprägte Worte und Wendungen:
Der Reiche, der »alle Tage herrlich und in Freuden lebt«. Der Arme, der vor seiner Türe liegt. Die Hunde, die sich zu ihm gesellen. (Vielleicht kommt daher unsere Wendung: ein Mensch sei auf den Hund gekommen.)
Lazarus, geradezu sprichwörtlich geworden. Gotthilf heißt sein Name auf Deutsch. Ein Kyrie zum Anfassen, ein Mensch gewordenes »Herr, erbarme dich«. Abrahams Schoß: Urbild der Geborgenheit, der Wärme, der liebevollen Nähe und des Versorgtseins. Alles schwingt mit in den Worten: Er ruht in Abrahams Schoß.
Ja, und dann das Ende. Wie geht sie eigentlich aus, die Geschichte? Fehlt da nicht noch etwas? Ein richtiger Schluss? Die Geschichte hat ein offenes Ende. Zu Recht und zum Glück. Weil tatsächlich noch alles offen ist. Werden die fünf Brüder hören? Werden sie auf das Gesetz und die Propheten hören und sich ändern? Werden sie vor die Türe treten und dem Armen helfen? Die Brüder des reichen Mannes, die sitzen hier. Wir sind es. Jeder von uns.

Zum weiteren Verlauf
Einordnen der Gemeinde in den »Raum« zwischen den Extremen.
Aufzeigen, wo die Gemeinde reich ist.
Was verändert die Herzen und überbrückt die Kluft? Ein Wunder?
Wirkungslosigkeit des Wunders aufzeigen (Abnutzung der immer stär-

keren Eindrücke). »Was könnte die Herzen bewegen? Es wird ja manches versucht. Cellosonaten von Bach gespielt von Beckmann. Gemeinsam gegen Kälte mit Diakonie und Caritas. Die Frauen und Männer in der Fußgängerzone mit fifty fifty im Arm. Ab und an ein Sozialschocker in der Kirchenzeitung, aber nicht zu oft. Man sollte meinen, ein Herz und Gewissen erschütternder Knall und Donnerschlag wie der 11. September, der müsste doch einiges in Bewegung bringen. Hat er auch. Da haben die Reichen allenthalben in Europa und Amerika plötzlich die silbernen Löffel neben die Teller gelegt, die Tafelmusik abgestellt und angefangen nachzudenken. So kann das nicht weitergehen. Irgendwie müssen wir ja mal an die armen Teufel da unten denken. So überlegt man eine Weile. Doch die heilsame Erschütterung hält nicht lange an. Je mehr Zeit verstreicht, desto mehr nehmen wieder den Löffel zur Hand und die Musik darf auch wieder spielen.
Bleibt noch eine Möglichkeit: Wenn Benefizkonzert und Attentat nicht reichen, wenn die vernünftige Überlegung an ihre Grenzen kommt, dann muss ein Wunder her, damit sich etwas ändert: Ein Zeit- und Augenzeuge aus der Unterwelt, der verfügt doch wohl über die totale Authentizität und Überzeugungskraft. Ein Mensch aus der Hölle, angekohlt und angeschmort, zu Demonstrationszwecken für einen Tag dem glühenden Rost entronnen, der dann erzählen kann: »So ist es da unten, das blüht euch, wenn ihr nichts spendet. Seht euch bloß vor!«
Das Gleichnis bringt Gesetz und Propheten ins Spiel. Befremden über diese »Lösung« artikulieren.
Einige Stellen, die noch zum vorhandenen (biblisch vermittelten) sozialen Wertekanon gehören benennen und entfalten (z. B. Mich 6,8; Lev 19,18, aber auch Mt 7,12).

Möglicher Schluss

Jesus hat diese Geschichte nicht erzählt, um die Kluft, den Abstand zwischen Arm und Reich, einfach festzustellen. Er sagt nicht, so ist es und so bleibt es, bis ans Ende der Welt. Sondern, indem er erzählt, tut er alles, um diesen Abstand zu vermindern. Zuerst legt er uns den armen Lazarus ans Herz, dann auch den gepeinigten Reichen und schließlich seine gedankenlosen Brüder. Es soll keiner ausgeschlossen sein und verloren gehen.
Das höre ich aus der Geschichte und natürlich den kräftigen, konkreten Appell, zu spenden, die Armen nicht zu vergessen. Ganz praktisch also,

vom Überfluss abzugeben und vielleicht auch noch mal kritisch zu prüfen, was wir als »Abfall« bezeichnen.
»Ich kann kein Essen wegwerfen.« Werden das unsere Kinder noch sagen?
Es steht bei Ihnen.
Im Grunde wissen Sie es doch auch:
Das Elend zu sehen und nicht zu helfen, das brennt im Herzen, dran vorbeigehen, das tut weh. Nicht zu helfen, das ist die Hölle. Oder etwa nicht?

Gestaltungsidee

Verlesung des Predigttextes evtl. in Form einer szenischen Lesung mit verteilten Rollen: (Erzähler, Abraham, der Reiche). Der Text verträgt auch eine Paraphrasierung in Alltagssprache.

Kontext

Armuts- und Reichtumsbericht der Bundesregierung: www.bma.bund.de/de/sicherung/armutsbericht/

Tipp zum Text

Burger, Hermann: Der Schuß auf die Kanzel, Frankfurt (parabolisch-satirische Erzählung: der Schriftsteller als Lazarus vor der »Kirchentür«, die Kirche als der gedankenlose Reiche!)

Schibilsky, Michael; Trauerwege, Düsseldorf 1996, Seite 109 ff. »Das Lazarusparadigma«

2. Sonntag nach Trinitatis

Das Evangelium nach Lukas 14, (15) 16–24

Esther Pofahl

Exegetisch-homiletische Skizze

»Selig ist, der das Brot essen wird (Futur!) im Reich Gottes.« Der erste Vers der Predigtperikope entwickelt eine schöne Vision, eine Vision für die Zukunft. Es ist eine Zeitperspektive, die Gott und sein Reich nicht innerhalb der Zeit denkt, sondern ihn an das Ende des Zeitstrahls schiebt, dort wo er uns letztlich nichts angeht oder zur Bedrohung wird. Mit dem folgenden Gleichnis vom großen Abendmahl widerspricht Jesus radikal dieser Sichtweise, diesem Zeitverständnis. Das Reich Gottes hat mit ihm in der Welt begonnen. Heil wird im Hier und Jetzt in Jesus Christus konkret erfahrbar. Und damit entscheidet die Stellung zu ihm über Heil und Unheil. Es ist eine Zeitansage, die Menschen in das Hier und Jetzt holt. Sie befreit aus den Verstrickungen der Vergangenheit und von den Sorgen um Gegenwart und Zukunft – der zu besichtigende Acker, die Ochsengespanne, die neue Frau. Das Heute wird als Lebensraum aufgeschlossen, so dass Menschen überhaupt erst sein können, nicht schon waren oder erst werden müssen. Durch die Zeiten aufsprengende Kraft des Heiligen Geistes behält dieses Heute, das vor 2000 Jahren gesetzt ist, seine Gültigkeit. Ganz selbstverständlich und unauflöslich sind im Gleichnis Gericht und Reich Gottes, einladende Liebe und ausschließender Zorn, miteinander verknüpft. Doch gerade die Rede vom Gericht bereitet uns in unserer Zeit große Schwierigkeiten. Sollten wir sie deshalb übergehen? Ich denke, dass es notwendig ist, die Rede vom Gericht wieder in der Kirche zu beheimaten, um sie damit dem Missbrauch und der Instrumentalisierung angesichts endzeitlicher Schreckensbilder zu entziehen. Der sprachlosen Angst, den Fantasien, den einsamen Fragen können wir Bilder, Worte, Gleichnisse entgegensetzen. In den Mittelpunkt der Predigt stelle ich Gericht und Reich Gottes im Horizont der

Zeit. Das Reich Gottes stellt Menschen in einen neuen Zeithorizont – die Zeit ewiger Freude, die Zeit des Festmahles, die Zeit des Augenblicks. Wir stoßen an die Grenzen unseres linearen Zeitverständnisses, das doch nur eine Kette aneinander gereihter Augenblicke denken kann. Im Gericht werden Menschen in der Person Jesu Christi, dem »Hier-bin-ich« (H. Domin), mit ihrer verkehrten Zeitvorstellung konfrontiert. Wer zu spät kommt, den Augenblick nicht erkennt, das Heute nicht als Lebensraum annimmt, ist vom Fest ausgeschlossen, isoliert. Das Haus ist schon mit anderen randvoll gefüllt. Es gibt keinen Platz mehr. Menschen werden im Gerichtsgeschehen von ihrer Vergangenheit getrennt, eine heilsame Grenze wird gezogen. Alles wird offenbar, ins Licht gerückt, aufgedeckt und ist doch schon überwunden, weil Christus in seinem Kreuzestod die Last der Vergangenheit, der Schuld getragen hat. Identität gründet nun nicht mehr in den individuellen, mehr oder weniger verfehlten, Lebensgeschichten, sondern in Gottes Geschichte: »Siehe, ich mache alles neu!« (Offb 21,5). Der Freispruch hallt durch leere Säle. In der Predigt werden heutige menschliche Erfahrung und der Bibeltext so zusammenerzählt (ohne die Distanz und Fremdheit zu übergehen), dass sie einander auslegen. Der biblische Text kann so zur Lebens-Geschichte werden, die Leben erschließt. Die Frage nach dem Zeitverständnis ist sehr nah am Leben jedes Menschen, so dass sich genügend treffende Beispiele finden lassen.

Predigtidee

Die Rede vom Gericht und vom Reich Gottes müssen miteinander verschränkt sein. Sie beleuchten und verdunkeln einander. Wer vom Reich Gottes ohne das Gericht redet, nimmt ihm den Ernst, die Tiefe. Wer vom Gericht ohne das Reich Gottes redet, ist unbarmherzig und verschweigt die christliche Hoffnung, dass der kommende Richter kein anderer ist als der Gekommene, der auferstandene Gekreuzigte.

Predigtthema

Die Rede vom Gericht und vom Reich Gottes als Zeitansage.

Vorschläge zur Liturgie

Biblisches Votum

Christus spricht: Kommt her zu mir, alle, die ihr mühselig und beladen seid; ich will euch erquicken. (Mt 11,28)

Sündenbekenntnis

Mühselig und beladen kommen wir vor dich und vertrauen darauf, dass du uns die Last abnimmst. Wir können sie allein nicht tragen.

- Stille -

Gute Gründe brachten wir vor, die Einladung zu deinem Fest auszuschlagen.

- Stille -

Wir sind in der Vergangenheit gehalten, in Schuld verstrickt und voll Sorge um die Zukunft. Befreie uns für dein Heute, dass wir hier und jetzt dir, unseren Mitmenschen, unserer Umwelt gerecht werden! Dazu verleihe uns die Kraft deines Geistes!

Kyrie

Liturg/Liturgin: Herr der Zeit
Gemeinde: erbarme dich!

Liturg/Liturgin: Herr des Augenblicks
Gemeinde: erbarme dich!

Liturg/Liturgin: Herr der Ewigkeit
Gemeinde: erbarme dich!

Liturg/Liturgin: Herr der Zeit
Gemeinde: erbarme dich!

Lesungen

Evangelium: Lk 14, (15) 16–24; Epistel: Eph 2,17–22; Ps 36,6–11

Liedvorschläge

Kommt her, ihr seid geladen (EG 213); All Morgen ist ganz frisch und neu (EG 440); Morgenglanz der Ewigkeit (EG 450); Nun preiset alle Gottes Barmherzigkeit (EG 502)

Vorschlag zur Predigt

Möglicher Anfang

»Als aber einer das hörte, der mit zu Tisch saß, sprach er zu Jesus: Selig ist, der das Brot essen wird im Reich Gottes.« Die Augen beginnen zu leuchten bei dieser Hoffnungsaussage. Es ist eine schöne Vision. Eine Zukunftsvision. Und heute? Heute ist Sonntag, ein bisschen weniger Alltag und dennoch Alltag. Und morgen? Wird auch nicht viel anders sein! Genügend Sorgen quälen. Dinge müssen erledigt werden, am besten schon gestern. Und dabei rinnt uns die Zeit durch die Finger, wie der Sand durch die Sanduhr, erst unmerklich, dann immer schneller. Wir geraten in Panik angesichts des drohenden Endes, das immer näher rückt. So leben wir eingespannt zwischen den Zeiten und zerreißen. Doch Jesus konfrontiert uns im folgenden Gleichnis mit einem ganz anderen Verständnis der Zeit.

Lk 14,16–24 lesen

Zum weiteren Verlauf

Das Bild »Angelus Novus« von Paul Klee wird auf dem Hintergrund der Interpretation durch Walter Benjamin für die konkrete gemeindliche Wirklichkeit erschlossen.

> »Es gibt ein Bild von Klee, das Angelus Novus heißt: Ein Engel ist darauf dargestellt, der aussieht, als wäre er im Begriff, sich von etwas zu entfernen, worauf er starrt. Seine Augen sind aufgerissen, sein Mund steht offen, und seine Flügel sind ausgespannt. Der Engel der Geschichte muss so aussehen. Er hat das Antlitz der Vergangenheit zugewendet. Wo eine Kette von Begebenheiten vor uns erscheint, da sieht er eine einzige Katastrophe, die unablässig Trümmer auf Trümmer häuft und sie ihm vor die Füße schleudert. Er möchte wohl verweilen, die Toten wecken und das Zerschlagene zusammenfügen. Aber ein Sturm weht vom Paradiese her, der sich in seinen Flügeln verfangen hat und so stark ist, dass der Engel sie nicht mehr schließen kann. Dieser Sturm treibt ihn unaufhaltsam in die Zukunft, der er den Rücken kehrt, während der Trümmerhaufen vor ihm zum Himmel wächst. Das, was wir den Fortschritt nennen, ist dieser Sturm.«
>
> Walter Benjamin, Gesammelte Schriften I/2, Frankfurt/M. 1991, Seite 697 f.

Im weiteren Verlauf wird dieser Zeitperspektive in der Ausdeutung des Gleichnisses eine andere, heilsame Zeitperspektive entgegengesetzt und entfaltet. Gericht und Reich Gottes werden in den Horizont der Zeit gestellt.

Möglicher Schluss

Jesu Zeitperspektive ist Dynamit! Sie fordert uns auf zu handeln. Die biblische Rede vom Gericht will nicht Ängste nähren, Schreckensbilder an den Horizont malen, sondern eine bestimmte Ethik provozieren. Wer vom Heil im Hier und Jetzt spricht, kann nicht an der Zementierung der vorfindlichen Lebensrealität interessiert sein. Der Vorwurf, auf eine Zukunft hin zu vertrösten, trifft nicht. Echter Trost nährt sich ja auch nicht aus illusionären Hoffnungen, sondern aus dem Glauben, dass Gottes Realität, sein Reich, unsere Lebensrealität heilsam durchbricht, dass in jedem Augenblick Gottes Ewigkeit aufleuchtet.

Gestaltungsidee

Die Predigt kann auch als Dialogpredigt gestaltet werden, die zwei Seiten einer Wirklichkeit, Gericht und Reich Gottes, Liebe und Zorn, beleuchtet.

Symbole, Aktionen

Im Gottesdienst sollte auf jeden Fall das Abendmahl gefeiert werden, dessen Bedeutungsspektrum im Predigttext vertieft wird. Das Sündenbekenntnis enthält Momente der Stille. In ihnen kann das, was uns belastet, in Form von Steinen vor Gott gebracht und abgelegt werden.

Kontexte

Ein stärkeres Gewicht kann auf der Rede vom Reich Gottes mit der Metapher vom großen Festmahl liegen, wobei die Gefahr einer Einseitigkeit sehr nahe ist. Dazu gibt es eine Fülle von bekannten Texten und Bildern. Die Situation »Draußen vor der Tür« beschreibt W. Borchert ganz anschaulich. Zwei Gedichte I. Bachmanns halte ich im Kontext der Predigtvorbereitung für bedenkenswert und aufschlussreich: »Lieder von einer Insel« und »Was wahr ist«.

Was wahr ist

Was wahr ist, streut nicht Sand in deine Augen,
was wahr ist, bitten Schlaf und Tod dir ab

als eingefleischt, von jedem Schmerz beraten,
was wahr ist, rückt den Stein von deinem Grab.
Was wahr ist, so entsunken, so verwaschen
in Keim und Blatt, im faulen Zungenbett
ein Jahr und noch ein Jahr und alle Jahre –
was wahr ist, schafft nicht Zeit, es macht sie wett.

Was wahr ist, zieht der Erde einen Scheitel,
kämmt Traum und Kranz und die Bestellung aus,
es schwillt sein Kamm und voll gerauften Früchten
schlägt es in dich und trinkt dich gänzlich aus.

Was wahr ist, unterbleibt nicht bis zum Raubzug,
bei dem es dir vielleicht ums Ganze geht.
Du bist sein Raub beim Aufbruch deiner Wunden;
nichts überfällt dich, was dich nicht verrät.

Es kommt der Mond mit den vergällten Krügen.
So trink dein Maß. Es sinkt die bittre Nacht.
Der Abschaum flockt den Tauben ins Gefieder,
wird nicht ein Zweig in Sicherheit gebracht.

Du haftest in der Welt, beschwert von Ketten,
doch treibt, was wahr ist, Sprünge in die Wand.
Du wachst und siehst im Dunkeln nach dem Rechten,
dem unbekannten Ausgang zugewandt.

Aus: Ingeborg Bachmann, Werke Bd. 1, © Piper Verlag GmbH, München 1978, Seite 118

3. Sonntag nach Trinitatis
Das Evangelium nach Lukas 15,1-7

Gudrun Scheiner-Petry

Exegetisch-homiletische Skizze

Das gemeinsame Thema der drei Gleichnisse in Lk 15 heißt: »Wiederfinden, was verloren war, bewirkt Freude.« Ein Vergleich von Lk 15,1–7 mit Mt 18,10–14 zeigt, dass Lukas das Gleichnis wahrscheinlich aus der Logienquelle Q übernommen und darin eigene Akzente gesetzt hat. Am auffälligsten erscheint mir die Verwendung des aktiven »Verlieren« gegenüber dem passiven »Verirren« bei Mt. »Verlieren« passt eher zur lukanischen Soteriologie, während »Verirren« eher dem kirchlichen Blickwinkel des Mt entspricht (nach F. Bovon, EKK).

Das Verb Verlieren (apollumi) lässt zunächst an den natürlichen Verlust eines Tieres denken (z. B. durch Krankheit, Absturz, Raubtiereinfall). In der Sprache der Gläubigen bedeutet es aber auch das Gegenteil von Erlösung. Auf diesen unerlösten Zustand gibt es bei Lukas verschiedene Antworten. Lk 13,24 gibt eine strenge Antwort: »Kämpft darum, durch die enge Pforte einzugehen.« Demgegenüber ist die Antwort unseres Gleichnisses weicher, tröstlicher und »bergender«.

Die »Protagonisten« des Gleichnisses sind der Hirte und das Schaf. Aktivität und Passivität sind klar verteilt. Der Hirte lässt zurück, was ihn gegenwärtig beschäftigt, konzentriert sich auf das jetzt Wichtige und verfolgt das Ziel vor seinen Augen, bis er es erreicht hat. Danach organisiert er ein Freudenfest. Das Schaf wird gesucht, gefunden und getragen.

Auffällig ist die gemeinschaftliche Note des lukanischen Festvokabulars: Freunde, Nachbarn, zusammen, einladen, gemeinsame Freude.

Aus diesen Beobachtungen ergeben sich für mich folgende systematisch-theologische Entscheidungen:

Erlösung eröffnet Gemeinschaft. Bekehrung bedeutet für Lukas (hier und an anderen Stellen): Der Sünder, die Sünderin, die umgekehrt sind,

und die Gerechten treffen zusammen, leben und feiern zusammen. Herde, Geldschatz, Familie werden wieder ganz. Lukas wagt es, Menschen miteinander zu vergleichen. Verschiedene kommen zusammen, mit unterschiedlicher Geschichte und unterschiedlichem Hintergrund. Wo nicht alle gleich sein müssen, kann Gemeinschaft gelebt werden.
Das Gleichnis bietet den Hörerinnen und Hörern vor allem zwei Identifikationsmöglichkeiten: Hirte und Schaf. Mir ist wichtig, auch in der Predigt beide möglich zu machen. Es geht um Erfahrungen von Suchen und Finden, Verlorengehen und Gefundenwerden. Beides gehört zu uns: behütet und gefunden werden und Hirtenverantwortung wahrnehmen. Weil Gott uns gefunden hat, weil er für mich immer wieder alles stehen und liegen lässt, um mich zu suchen und zu finden, können wir uns auf die Suche nacheinander machen.
Meine homiletischen Entscheidungen treffe ich auf dem Hintergrund meines derzeitigen Arbeitsfeldes. An der Evangelisch-Lutherischen Gemeindeakademie Rummelsberg beschäftige ich mich in Ausbildung und Beratung mit Fragen der Gemeindeentwicklung. Folgende Aspekte sind mir für die Predigt wichtig:
Das Phänomen Individualisierung spielt eine wichtige Rolle für Fragen der Gemeindeentwicklung. Es gibt immer weniger »Vorgegebenes«. Wir »erfinden« unser Leben, gestalten es, wir müssen uns permanent richtig entscheiden. Dies gilt auch für unsere Glaubensentwicklung und unsere religiöse Biografie. Dem Druck, der hier oft spürbar ist, möchte ich mit entlastenden Bildern und Gedanken des Gleichnisses begegnen.
In diesen Zusammenhang gehören für mich auch die vielfältigen Segnungsgottesdienste, die sich in unseren Gemeinden einen festen Platz erobert haben.
Es wird immer wichtiger, die Zielgruppe der Ausgetretenen kirchlich nicht einfach abzuschreiben, sondern im Blick zu behalten. Die Initiative »Treten Sie ein« des Kirchenkreises Nürnberg (siehe Kontexte) war für mich ein wichtiger Impuls in diese Richtung.
Ich möchte in der Predigt verschiedene Formen aufsuchender, nachgehender Begleitung benennen und würdigen (z. B. Taufbriefe, Besuchsdienste, Seelsorge nach Kasualien). Sie sind für mich gelebte Hirtenverantwortung. Besonders wichtig ist mir dabei, dass diese oft ehrenamtlich wahrgenommen wird.

Predigtidee

Für Gott bin ich wichtig. Manchmal lässt er für mich alles stehen und liegen, für meine Situation, für meine Geschichte, für meine Not, für mein Glück. Dann sucht, findet und trägt Gott mich. Manchmal bin ich die Hauptperson.
Ein andermal braucht Gott mich als Unterstützung. Dann soll ich mich auf die Suche machen nach anderen, ihnen nachgehen, sie finden und tragen.

Predigtthema

Die Un-Vernunft der Liebe (Gottes)
Sie gibt Verlorenes nicht schnell preis, sie sucht beharrlich, sie lässt manches links liegen, sie setzt Prioritäten, sie trägt Schwaches, sie freut sich, wenn etwas (wieder) ganz wird.

Vorschlag zur Liturgie

Alternativ zu den für den 3. Sonntag nach Trinitatis vorgeschlagenen Texten (weil sie das Hirtenmotiv betonen): Ps 23 im Wechsel gesprochen oder als Introitus gesungen.

Lesungen

Joh 10,1–30 in Auswahl, für »Experimentierfreudige«: Joh 21,15–17

Fürbitten

Gott, guter Hirte,
du suchst unter uns Hirten und Hirtinnen,
damit wir anderen nachgehen, liebevoll und beharrlich.
Gott, uns fehlt oft der Mut, wenn du uns rufst,
darum bitten wir um deinen Geist, dass er uns frei und mutig macht.

Wir rufen zu dir: Gott, erbarme dich.

Wir denken vor dir an Menschen in unserer Gemeinde, die wir leicht aus den Augen verlieren ...

Wir rufen zu dir: ...

Wir denken vor dir an Menschen, zu denen wir schwer einen Draht finden ...

Wir denken vor dir an Menschen, zu denen unsere Gesprächsfäden abgerissen sind ...

Wir denken vor dir an Menschen, die sich verirrt haben in ihrer Mutlosigkeit, in ihrem Schmerz, in ihrer Einsamkeit ...

Vorschlag zur Predigt

Möglicher Anfang

Es war ein strahlender Sommernachmittag auf einer Nordseeinsel. Ich ging mit meinen zwei Töchtern von einem Kinderfest in den Dünen zurück zu unserem Strandkorb, einen Weg entlang der Strandpromenade, lang gezogen, gerade, langweilig. Meiner achtjährigen Tochter ging alles zu langsam. Ihre kleine Schwester trödelte, am Strandkorb wartete ihre Freundin und Badezeit war auch gerade, sogar mit super Wellen. »Mama, ich lauf schon mal vor zum Papa, zu unserem Strandkorb.« Ich zögerte. Es war schon noch ein gutes Stück zu laufen, am Strand sah alles so gleich aus, würde sie den richtigen »Einstieg« zum Strandkorb finden? ... Aber andererseits, es war ein ganz gerader Weg, man konnte sich eigentlich nicht verlaufen. »Tschüss, bis später«, sagte ich deshalb zu meiner Großen. Ihre kleine Schwester war selig. Sie hatte ihre Mama für sich. Wir schleckten ein Eis, sahen uns das Schwimmbad an und balancierten auf fast allen Balken entlang der Strandpromenade. Als wir beim Strandkorb ankamen, guckten die anderen erstaunt. Wieso seid ihr nur zu zweit? Meine Tochter war also nicht angekommen, obwohl sie längst hätte da sein müssen. Zunächst waren wir noch ganz gelassen. Wir Erwachsene teilten die Strandabschnitte unter uns auf und machten uns auf die Suche. Nach einer ersten Etappe trafen wir uns wieder, ohne Erfolg. Vielleicht ist sie im Ferienhaus. Aber auch dort war sie nicht. Und dann kam langsam die Angst. Zuerst versuchte ich sie mit vernünftigen Gedanken zu besänftigen. Wir waren auf einer kleinen Insel, am Strand waren lauter freundliche, gut gelaunte Menschen, meine

Tochter ist ein selbstständiges Kind, das sich in der Regel gut zu helfen weiß. Und dann langsam verengte sich mein innerer Blick. Alles um mich herum wurde gleichgültig, ich wollte nur mein Kind wieder finden. An diesem Strand, wo alles ganz gleich aussah, die Strandkörbe, die Menschen, die Kinder, suchte ich nur sie. Meine Augen waren fixiert auf blonde Haare, ein weißes T-Shirt, blaue Shorts. Alles andere war jetzt völlig unwichtig, ich wollte nur meine Tochter wieder finden.

Ich habe sie schließlich gefunden. Für ihre Verhältnisse ziemlich aufgelöst, hatte sie jemand um Hilfe gebeten, weil sie an diesem Strand, wo alles gleich aussah, die Orientierung verloren hatte. Wir haben uns beide zuerst mal in den Sand gesetzt und uns ganz, ganz fest gedrückt. Sie hat geweint, und ich war dankbar und unendlich froh.

Zum weiteren Verlauf

Das Gleichnis des Lukas erzählt von einem Menschen, der verliert, sucht, findet und sich darüber freut. Diese aktive Rolle hat ein passives Gegenüber. Jemand/ein Schaf geht verloren, wird gesucht, gefunden, getragen und wahrscheinlich freut es sich auch.

Gegenüber einer schnellen protestantischen Identifikation mit der passiven Rolle möchte ich die Hörer/Hörerinnen bewusst einladen, in beide Rollen zu schlüpfen. Der Schwerpunkt meiner Predigt würde diesmal auf der aktiven Rolle liegen (siehe Gestaltungsidee).

A. Das Schaf oder die Erfahrung:

Ich bin wichtig, jemand setzt sich für mich ein, geht ein Risiko für mich ein, jetzt geht es nur um mich.

Ich bin in einer Lage, wo ich selbst mir nicht helfen kann, aber es ist jemand unterwegs zu mir, er/sie wird mich finden.

Ich werde getragen. Für eine Wegstrecke muss ich nicht entscheiden, gestalten, organisieren.

Ich würde in der Predigt »Orte dieser Erfahrung« aufsuchen und benennen. Ich würde meine Hörer/Hörerinnen ermutigen, sich diesen Erfahrungen anzuvertrauen. Solche Orte wären für mich gute, tragfähige Beziehungen, der Gottesdienst mit seinen Worten, Bildern, Klängen und Gesten, der eigene Glaube, erlebte Gemeinschaft ...

B. Der Hirte, die Hirtin oder die Erfahrung:

Ich finde mich mit Verlorenem nicht ab. Ich ergreife die Initiative, ich mache mich auf die Suche.

Andere brauchen mich: meine Geduld, meine Orientierung, meine Kraft, meine Liebe, mein Vertrauen.
Ich freue mich, wenn etwas wieder ganz ist. Etwas Ganzes kann durchaus aus verschiedenen Teilen bestehen.
Auch hier würde ich nach Erfahrungen suchen.
Wichtig wäre mir der Gedanke, dass ich auch mir selbst gegenüber eine Hirtenaufgabe habe. Ich würde deshalb meine Hörerinnen und Hörer ermutigen, sich auch auf die Suche zu machen nach verlorener Lebensfreude, Zufriedenheit, beruflicher Perspektive ...
Weitere Beispiele wären für mich: um eine Ehe kämpfen, sich um ein »schwieriges« Kind bemühen, abgerissene Gesprächsfäden wieder aufnehmen, in festgefahrenen Situationen nach Lösungen suchen.
Ein Schwerpunkt meiner Predigt wäre, bezogen auf die konkrete Gemeindesituation, die Frage: Was bedeutet »sich auf die Suche machen« für unsere Gemeindearbeit, für das Zusammen-Leben in unserer Gemeinde?
Suchfragen für die Erkundung wären z. B.: Wo konkret gehen wir Menschen liebevoll, wertschätzend nach? Wie beharrlich sind wir dabei? Was lassen wir liegen, um dafür Zeit, Energie, Kreativität zu haben? Wie verschieden darf man bei uns sein, um dennoch dazuzugehören?

Möglicher Schluss

Und was ist, wenn wir nach mühevoller, langer Suche nicht finden, oder nicht genug?
Was ist, wenn die, die wir gesucht und besucht haben, nichts mit uns zu tun haben wollen? Wenn Kontakte oberflächlich und unverbindlich bleiben? Wenn wir keine gemeinsame Sprache finden? Wenn Beziehungen gar nicht gelingen wollen? Was ist, wenn »Aufwand« und »Nutzen« weit auseinander klaffen?
Vielleicht haben wir an der falschen Stelle gesucht, zur falschen Zeit, mit falschen Methoden, nicht gut genug ausgerüstet. Das lässt sich verändern und verbessern und das sollten wir auch tun. Aber was ist, wenn das Fest der Freude immer noch auf sich warten lässt?
Ich schließe mit einem Gedicht von Erich Fried: Was es ist (siehe Kontexte).
Und Lukas sagt und er sagt es Jesus nach: Die Liebe ist die Triebfeder des Suchens, die Liebe Gottes und durch ihn und in ihm auch unsere Liebe.

Gestaltungsidee

Ich würde diesen Gottesdienst gemeinsam mit anderen gestalten. Ich würde Menschen zu Wort kommen lassen, die von ihren Erfahrungen mit Suchen/Finden, vielleicht sogar mit Gefundenwerden erzählen. Ich denke hier z. B. an die Ehrenamtlichen in unseren Gemeinden, die Neuzugezogene, Kranke und Geburtstagskinder besuchen. Ihre Arbeit und ihre Erfahrungen könnten im Gottesdienst einmal öffentlich werden. Dabei geht es nicht um »Erfolgsmeldungen«, sondern – natürlich mit der nötigen Sensibilität und Diskretion – um Vergewisserung von Gemeinschaft. So könnte Gemeinschaft der Verschiedenen sichtbar werden und die Gemeinde könnte sich daran freuen.

Kontexte

»Treten Sie ein!«
Eine Initiative zum Kircheneintritt des Evangelisch-Lutherischen Kirchenkreises Nürnberg im Oktober 2001
(Detaillierte Informationen und Dokumentation sind erhältlich im Büro des Regionalbischofs im Evang.-Luth. Kirchenkreis Nürnberg, Pirckheimerstaße. 10, 90408 Nürnberg)

Was es ist

Es ist Unsinn
Sagt die Vernunft
Es ist was es ist
Sagt die Liebe

Es ist Unglück
Sagt die Berechnung
Es ist nichts als Schmerz
Sagt die Angst
Es ist aussichtslos
Sagt die Einsicht
Es ist was es ist
Sagt die Liebe

Es ist lächerlich
Sagt der Stolz
Es ist leichtsinnig
Sagt die Vorsicht
Es ist unmöglich
Sagt die Erfahrung
Es ist was es ist
Sagt die Liebe

Erich Fried, aus: Es ist was es ist, © 1984, NA 1974, Verlag Klaus Wagenbach, Berlin

4. Sonntag nach Trinitatis
Das Evangelium nach Lukas 6,36–42

Jobst v. Stuckrad-Barre

Exegetisch-homiletische Skizze

Moral! Schon diese kleine Sammlung jesuanischer Sprüche in Lk 6,36–42 zeigt es, beschränkt sich die Auswahl der Überlieferung und Predigt auf Mahnungen und Imperative, dann liegt die Gefahr nahe, die Erzählung von Gottes Nähe in Jesus auszulassen und zu vergessen. Die Rahmenangabe in den Versen 17–19 gibt für die »Feldrede« zu erkennen: Die Leute drängen sich, um Jesu Worte und Heilkraft zu erfahren. Jesus seinerseits sucht die Armen, Hungernden und Weinenden, so die Seligpreisungen und die Tendenz des Evangeliums. Die Weherufe wiederum offenbaren, dass das apokalyptische Grundgefühl sich verändert und in eine Ansage verfehlter Zeit und Gegenwart mündet. (Trost schon jetzt, jetzt satt sein, jetzt lachen, dann hungern, weinen, klagen! Wohlreden wird gleichgesetzt mit falscher Prophetie.)
Vers 37 bildet eine Überleitung vom Vorhergehenden zu den folgenden Versen und erhält so eine noch zu bedenkende zusammenfassende Funktion. Als Höhepunkt nach dem Gebot der Feindesliebe sehe ich, in unserem Abschnitt, das Gebot des Gebens, dessen, was ihr seid und habt – »Tiefpunkte« bezeichnen die Verbote des Richtens, des Verdammens, des Nicht-Vergebens. Geben ist Empfangen! Wer anders (blind) vorgeht oder als Jünger mehr als der Meister sein will, den Splitter im Auge des andern allein wahrnimmt, der hat nicht erkannt – hier geht es um wahres Leben, Vor-Gott-Sein, nicht nur um Moral. Es geht um Barmherzig-Sein.
Das Schönste und das Schlimmste gehören also unvermutet eng zusammen – Barmherzigkeit und Richten bzw. Verdammen: aufzunehmen, was vor Gott angenommen wird; zu lassen, was uns Gott gleich machen möchte, aber doch voller Anmaßung ist. Zunächst mag diese Zusam-

menstellung etwas Zufälliges an sich haben. Sieht man genauer hin, geht es allemal um die Entdeckung des Lebens im anderen und in uns selbst; geht es um ein Sein, das ein Tun einschließt, nicht um ein Tun, das Bonus-Punkte verschafft und so zum Besitz auch noch der Seligkeit führt.

Dies Sein ist ein Werden (γίνεσθε) – wie wohl aller Glaube besser in diesem Modus beschrieben wird –, nicht ergriffen haben, sondern von der Barmherzigkeit Gottes ergriffen werden. Dann wird das eigene wie das fremde Leben nicht als ein (immer schon) festgelegtes begriffen, die Nähe Gottes legt sich vielmehr in der Offenheit der Geschöpfe für und vor einander aus.

Predigtidee

Im positiven wie im negativen Zugehen auf den anderen Menschen taucht das Gesicht Gottes vor uns auf – er gibt sich uns zu erkennen, so dass wir nicht mit falschem Stolz als beati possidentes oder »Blinde« herumlaufen müssten. In der Realisierung fallen mir Gesichter von Menschen dazu ein, sie fangen an, zu dem zu sprechen, der wirklich hinsieht, barmherzig!

Predigtthema

ist das Verhältnis von Glauben und Handeln der Christen, von Werden/Sein und dem, was wir tatsächlich tun. Vers 37, Abschluss des Abschnitts von der Feindesliebe einerseits und positiver Anfang des nun beginnenden Nachdenkens über die »Stellung zum Nächsten«, wie die redaktionelle Überschrift der Luther-Bibel zusammenfasst, dieser Vers führt menschliches Werden und Gottes väterliches Handeln eng zusammen – entsprecht dem, was Gott euch gegeben hat, der sich euch und anderen gegenüber als der Barmherzige erweist. Dann erst beginnt die Reihe der Verbote!

Vorschläge zur Liturgie

Kollektengebet

Gott,
du hast uns das Maß gegeben
für das Leben auf dieser Erde.
Hilf uns,
zu erkennen
in Jesus, dem Bruder,
dass wir den Menschen achten
im Heiligen Geist.

Wie auch das folgende Fürbittengebet zum 4. Sonntag nach Trinitatis entnommen aus: Michael Meyer, Nachdenkliche Gebete, Vandenhoeck & Ruprecht, Göttingen 1996, Seite 176

Gott,
gesegnet hast du uns
und in Segen gewandelt, was in unserer Hand verdorben war.
Gib uns die Kraft deines Geistes, dass wir zum Segen werden.
Wir bringen vor dich unsere Welt,
die Stummen und die Klagenden,
die Glücklichen und alle, die den kommenden Tag fürchten;
die, die das Leben erwarten,
und die, die es verbittert verlassen;
wir bringen vor dich
unser Erstaunen über die Weisheit des Menschen
und unser Erschrecken über die Schuld unter uns.
Und wir bitten dich:
Gib uns den Blick für das Notwendige,
das Ohr für Klagen,
den Geist für das rechte Wort zur rechten Zeit.
Und gewähre uns die Hoffnung,
die uns trägt durch die Tage ohne dich.
Wir bitten dich darum in Jesu Namen.«

Psalm

Psalm 42,2–12 im Wechsel gesprochen; wenn eine Kantorei oder ein Chor vorhanden sind, darf Mendelssohns Vertonung nicht fehlen: »... harre auf Gott«.

Lesungen

Mit Gen 50,15–21 werden die Hörer in den Zusammenhang der großen Erzählung von der Barmherzigkeit Gottes (!) eingeführt.

Lieder

EG 140 »Brunn alles Heils«; EG 495 »O Gott, du frommer Gott«; EG 604 »Wo ein Mensch Vertrauen gibt«; EG 612 »Herr, gib mir Mut zum Brückenbauen« (Ausgabe für die Ev.-luth. Kirchen in Niedersachsen und die Bremische Ev. Kirche).

Vorschlag zur Predigt

Möglicher Anfang

Das Gesicht des alt gewordenen Obdachlosen aus dem Johannesstift in Berlin, fotografiert von Vincent Böckstiegel: Allein unter Nachbarn in einem kahlen Raum, vielleicht aber auch nur dem Fotografen zugewandt; ein tiefer Zug aus der Zigarette lässt ihn den Kopf heben, so dass wir genau auf Augenhöhe in sein Gesicht sehen; Falten erzählen Geschichten von Begegnungen aller möglichen Art, gelungenen wie misslungenen, von Narben, die das Leben so schlägt. Nicht Unzufriedenheit, wohl etwas wie ein Abwägen liegt in diesem Gesicht: »Was hast du mir zu sagen, das ich nicht schon kenne? Und bist du wirklich bereit, dich auf mich einzulassen? Was, meinst du, hab ich nicht alles von Gott schon mitgekriegt, von seinen Leuten vor allem, euch Christen; was mir da an den Türen begegnet ist, wenn ich unterwegs war: wirklich freundliche, öfter aber abweisende, alles wissende, nichts hörende und sehende Menschen. Aber mein Plätzchen hier

im Stift, ein paar Freunde und meine Zigarette – das ist gar nicht schlecht.«
So sieht er uns an. Und wenn wir uns die Zeit nehmen, erzählt er noch genauer, und wir werden verwickelt in seine Lebengeschichte; je mehr wir uns darauf einlassen, desto mehr Licht und Schatten zeigen sich, es wird schwerer, nein zu sagen, das Urteil schon nach dem ersten Blick unrevidierbar – sein Problem, seine Entscheidung, nicht unsere Sache. Und mit einem Mal taucht hinter der Wand von Vorurteilen so etwas wie ein Verstehen auf, so kann Leben sein, so kann ein Mensch sein – wir sind nur Nuancen anders.
Spätestens jetzt ist es kaum noch möglich, diesen Menschen (oder uns selbst) abzuweisen. Das Gesicht, das da vor uns ist, führt weiter. Zu uns. Zu Gott. Es geht jetzt nicht darum, aktionistisch alle Türen (und Portemonnaies) zu öffnen. Es geht um uns, darum, zu begreifen, dass Gott uns barmherzig ist. Um diesen Kern unseres Glaubens geht es angesichts eines Menschen, angesichts des Lebens, das wir gemeinsam führen.

Zum weiteren Verlauf

Wer diese Skizze des Einstiegs mitvollzieht, muss nun entscheiden, ob er individuell weiter argumentieren will oder ob der Plural der Feldrede nicht Grund genug ist, Gemeinde, Kirche und unsere Zeit in den Blick zu nehmen. Dabei geht es nicht um Alternativen, sondern um unterschiedliche Zugangsweisen, die jeweils die andere Perspektive im Hintergrund haben. Ich schlage vor, weiter von Gesichtern und Begegnungen auszugehen:
Ein Bild, diesmal nicht aus Berlin, sondern aus London. Ich stand in der Nähe dieser Kneipe, die ein paar Tische auf das Trottoir gestellt hatte. Der Mann, links, sah arm aus und hatte nicht viel mehr als sein Getränk. Und dann, als ein elegant aussehender Passant vorüberkam, der mir von weitem schon aufgefallen war, drückte ich ab (Fotografen können unbarmherzig sein!). So entstand ein Bild, in dem die Nicht-Begegnung zweier Menschen festgehalten ist. Die Unterschiede sind mit Händen zu greifen – glatt und unberührt scheint der eine, sorgenvoll und aussichtslos der andere. Der Levit und der Priester – sie fallen einem unwillkürlich ein, weil sie wie ich nicht wirklich zu tun haben wollen mit diesem Menschen da am Straßenrand. Und Gott? Gott macht sich zu tun, mit

diesem da, mit uns. Darum: Seid barmherzig, wie auch euer Vater barmherzig ist.

Also nicht nur Tun des Angemessenen, des Guten, sondern auch zu verstehen, was da auf dem Spiele steht.

Oder die beiden jungen Frauen, die von ihren Konflikten mit ihren Eltern berichten – eine gewisse wohltuende Distanz sei inzwischen daraus geworden; vergessen ist aber nicht dieser Moment des gegenseitigen Damnamus – du bist ein ... oder ihr seid ... und dann folgt die Festlegung, ein Fluch fast, jedenfalls eine kaum wieder gutzumachende Entgleisung. Wer spricht da? Das ist nicht der Bruder, die Schwester, die Freundin, der Vater oder die Mutter, sondern ein Ich, das außer sich ist. Erst die Entschuldigung habe die Gesprächsbereitschaft wiederhergestellt, von beiden Seiten.

Wenn die elementare Rückbezüglichkeit all solcher Verwerfungen klar wird – richtet nicht, so werdet auch ihr nicht gerichtet –, dann kommt die Würde in den Blick, die beide Konfliktparteien haben und behalten sollen: Er/sie ist Gottes Geschöpf – wie du!

Über diesen indiviuellen Ansatz hinaus sei nur auf das schreckliche Weitergehen der gegenseitigen Verwerfungen und Tötungen in Israel/Palästina verwiesen, das sicher auch im Sommer 2003 Wunden schlägt – weil kein Platz für die andern gelassen wird, finden sich immer wieder »Gründe«, ihr Leben als nichts zu betrachten, eben zu vernichten. – Dann die Umkehrung der Verhältnisse:

Gebt, so wird euch gegeben.

Nicht mehr, nehmt so viel ihr könnt. Auch nicht: Uns (mir) wird ja auch nichts geschenkt. Vielmehr gebt und erfahrt im Geben, was ihr seid und erhaltet. Dies führe ich nicht viel weiter aus und verweise auf den Text von Hubert Selby, der das bewegend aktualisiert (s. Kontexte). Gebt, und der bloße Besitz ist nicht mehr alles, diese ganze lächerliche Fassade, dieses Lügengebäude, das wir so gern um uns herum errichten, oft genug auf Kosten anderer. Erst im Geben wird deutlich, wie viel wir wirklich in uns haben – wiederum sein, nicht haben! Mehr als wir denken oder erwarten!

Von Anfang an falsch wäre es, Barmherzigkeit und Geben auf die üblichen Klingelbeutel- oder Bettler-an-der-Tür-Situationen zu reduzieren. Es geht um Leben im großen Stil – was ihr seid, was euch bestimmt, davon gebt ab und teilt es mit denen, die wenig oder nichts haben; nicht

weniger aber geht es um die Einzelheiten, aus denen dieses Leben besteht; nicht nur der Teufel steckt im Detail ...
Das ist, als würden uns die Augen geöffnet. Nur wer blind ist für die eigene Situation und für die Lage des (der) Nächsten, kann meinen, mit ein paar Almosen sei die Sache getan (Nur angemerkt sei, dass dies genauso im Verhältnis der Industriestaaten zu den ärmsten Ländern der Welt gilt!).
Im Geben und Empfangen geht es um die Offenlegung unserer menschlichen Situation vor Gott. Darum das Entsetzen über die blind bleibenden Menschen, die andere (Blinde!) führen wollen; darum die Zurechtweisung des Jüngers, der mehr zu sein meint als der Meister; darum schließlich auch die Abwägung zwischen Splitter und Balken – unser ganzes richtendes verdammendes Verhalten weist nicht nur den anderen ab, sondern auch Gott weit von uns!

Möglicher Schluss

Noch einmal ein Gesicht:
Eine Erinnerung an eine Frau, deren Unabhängigkeit und Freiheit im Urteil uns bleibend in Erinnerung ist. Wie hat sie herrlich in Anekdoten menschliche Schwächen vor Augen geführt; auch in akuten Konflikten war sie imstande, deutlich zu reden, unerschrocken, doch immer so, dass der Respekt für den andern und für sie selbst spürbar blieb. Vielleicht lässt es sich am Ende so sagen: Seid barmherzig. Weil ihr Gott als Barmherzigen erfahrt. Gebt euch so, dass immer das Gesicht des andern gewahrt bleibt, dann seht ihr in seinem Spiegel, dass er nicht allein ist – zusammen seid ihr vor Gott.

Symbole

Nur das erste Bild ist beigegeben, die weiteren von den beiden Menschen in London und der unerschrockenen Frau sind abrufbar; sinnvoll dann, wenn die Bilder ausgedruckt oder per Beamer sichtbar gemacht werden können. E-mail: Jobst.vonStuckrad-Barre@evlka.de

Das Foto des rauchenden älteren Mannes ist entnommen aus dem Buch »Sei meine Brücke«, Text: Günter Berger, Fotos: Vincent Böckstiegel. Berlin (o. J.), Seite 16.

5. Sonntag nach Trinitatis
Das Evangelium nach Lukas 5,1-11

Christiane Thiel

Exegetisch-homiletische Skizze

Den Wortlaut des Predigttextes und sämtliche Lesungen entnehme ich unverändert dem Buch: der gottesdienst. Liturgische Texte in gerechter Sprache, Band 4: Die Lesungen, herausgegeben von Erhard Domay und Hanne Köhler, Gütersloh 2001. Die Übersetzung überzeugt mich. Der Versuch, Unsichtbares durch Sprache sichtbar und möglich zu machen, begeistert mich.

Durch die Übersetzung fällt mir im Predigttext besonders das Verhältnis von Bootseigentümern, Teilhabern und Arbeitern und Arbeiterinnen auf. Ich überlege, ob die Geschichte neben dem vertrauten Bild vom »Menschenfischen« auch von der Spannung der Macht- und Besitzverhältnisse lebt. Ist möglicherweise dieser Erzählzug der entscheidende Farbton in der Bildkomposition der Fischereiszene am See? Dem Bootseigentümer Simon und seinen Teilhabern wird deutlich, dass sie von der Mitarbeit der Gefährten und Gefährtinnen (Vers 6) leben, aus Angestellten (oder Tagelöhnerinnen) werden Freunde und Freundinnen.

Letzte Konsequenz aus der Begegnung mit Jesus ist der Besitzverzicht und der Aufbruch (Vers 11), die bei Lukas besonders betont werden.

Im Duktus des Lukasevangeliums sind die Bootsbesitzer die ersten Jünger. In der Überschneidung von Fischer und Missionar deutet sich eine fatale Falle und eine tiefe Wahrheit an: Zum Glauben »verführen« kann auch »einfangen« sein.

Der Text gilt als missionarischer Text. Die Notwendigkeit von Mission heute ist – insbesondere hier in Ostdeutschland – unbestritten. Zahllose Initiativen und Bewegungen, neue »Kirchen« und Gemeinden versuchen auf die entkirchlichte Situation vor Ort zu reagieren. Im Stimmengewirr und angesichts fundamentalistisch und evangelikal agierender Missionare und Missionarinnen erwacht in mir die Skepsis. Auch gegen

diesen Text. »Ins Netz gegangen ...«. Ich bezweifle, dass die Rede vom Netz, mit dem ich Menschen fange, für die gewinnende Arbeit von Kirche und Gemeinde vor Ort hilfreich sein kann. Die Wahrheit dahinter allerdings muss ich auch würdigen. Glauben ist – das weiß ich auch hier aus dem Osten – keine kulturelle Leistung, die ich zur Zier anstecke, wie eine Blume ins Knopfloch. Glauben ist Bekenntnis und Existenz und fängt mich ein, bindet mich und nimmt mich in die Pflicht.
Zwei Fragen bleiben: Warum wird die Masse des Fanges so betont, warum steckt dahinter eine so große Gefahr (die Boote drohen zu sinken)? Und wie kommt es, dass aus dem Erfolg die Einsicht wächst, das Leben zu ändern?
In der Sommerzeit, in der Felder und Wiesen blühen und gedeihen, passt ein Text, der Fülle und Ertrag thematisiert.
Ich muss damit rechnen, dass meine Entscheidung, die Geschichte vom Fischzug nicht als Bild für gelungene Mission und nicht als Beauftragungsgeschichte zu lesen, auf Widerstand stößt. Bisher ließ sie sich so entweder gut abschieben oder konnte als Überforderung erlebt werden. Bei meinem Versuch, die Umkehr des Simon vom Besitzenden zum Verzichtenden, vom Gefangenen zum Freien zu zeigen, berühre ich meine ZuhörerInnen in ihrer Existenz als an Besitz und Sicherheit Gebundene. Es sollte mir gelingen, den Aspekt der Geschenke, die mich reich machen und zum Teilen befähigen, zu betonen. Nicht Mitleid möchte ich als Motor der Umkehr ausmachen, sondern solidarische Lebensfreude.

Predigtidee

»Hast du schon daran gedacht, in deinem Leben das, was dich froh gemacht, weiterzugeben? Denn keine/r lebt für sich allein ...«
Es ist die Fülle des Fanges, der Überfluss, die lustvolle Masse, die die Anwesenden verändert. Das Glück macht gläubig. Immer? Der Veränderung ist radikal. Nachfolge bedeutet Besitzverzicht! »Wenn Gott dir eine Freude macht, gib sie weiter!«

Predigtthema

Freiheit der Beschenkten – Mut zum Glauben. Die Möglichkeit der Umkehr.

Vorschläge zur Liturgie

Eröffnung

Beim Eintreten in die Kirche bekommen alle Besucher und Besucherinnen eine oder mehrere Sommerblumen vom Feldrand in die Hand (Glockenblumen und Sonnenblumen, Schafgarbe und Wiesenknopf usw.), jemand auch geschnittenes Brot und eine andere einen schönen Korb mit Weintrauben, andere einen Krug Wasser.

Votum

LiturgIn: Erntedankgottesdienst ist heute noch nicht. Aber ich möchte Sie einladen, mit mir ein Fest des Überflusses der Schöpfung, einen Lobgottesdienst auf die Geschenke, die uns am Leben erhalten und die uns verändern wollen, zu feiern. Sehen Sie sich einen Augenblick die Blüte in ihrer Hand an. Staunen sie über ihre Schönheit.
Und dann kommen Sie bitte zum Altar und schmücken Sie den Tisch Gottes. Hier stehen Vasen bereit, in die dürfen Sie Ihre Blumen stecken, hierher gehören für dieses Fest Brot, Wein und Wasser.
Während der kleinen Pilgerreise zum Altar spielt die Orgel eine Improvisation zu »Geh aus, mein Herz, und suche Freud«.

Das Lied wird als Eingangslied gesungen. (EG 503,1–3).

Kollektengebet

Gott, du hast den Tag geweckt. Und auch mich.
Du hast die Welt in dein Licht getaucht. Der Tau glitzert auf dem Gras.
Wie reich du uns beschenkst! Ich danke dir.
In meinem Leben suche ich dich. Oft vermisse ich dich. Ich traue dem Leben nicht. Ich weiß nicht, wie ich glauben soll.
Öffne meine Augen, schließe mein Herz auf.
In der Schönheit der Schöpfung blickst du mich an.
Öffne meine Augen, schließe mein Herz auf, dass ich dich sehen und erleben lerne.
Heute und jeden Tag neu.
Dazu komm in unsere Mitte. Darum bitten wir dich und rufen zu dir durch Jesus, unseren Bruder. Amen.

Lied: EG 503,13+14

Das **Sündenbekenntnis** steht in der Sächsischen Lutherischen Agende vor dem Abendmahl. Dort möchte ich es auch lassen. Als Sündenbekenntnis schlage ich Ps 25 (EG 713) vor.

Kyrie und Gloria
(unter Einbindung zweier SprecherInnen):

LiturgIn: Es geht uns gut, lebendiger Gott. Aber anderswo leiden Menschen unter Hunger und Krieg. Bei uns blühen Blumen und die Bäumen rauschen mit ihren Blättern. Aber anderswo vertrocknen die Flüsse und verdorrt die Ernte. Wir klagen dir unsere Ängste. Wir klagen dir unsere Ratlosigkeit.

Kyrie: »Herr, erbarme dich ...« (EG 178.11)

SprecherIn: Es geht uns gut, lebendiger Gott. Aber wir wissen, wie Menschen leiden können. Wir kennen Krankheiten und fürchten den Tod. Wir sind hier in deinem Haus. Aber wir wissen, wie schwer es ist, zu glauben, dass es dich gibt. Wir klagen dir unsere Ratlosigkeit.

Kyrie: »Herr, erbarme dich ...« (EG 178.11)

SprecherIn: Es geht uns gut, lebendiger Gott. Aber wir spüren, wie wir gefangen sind in der Welt des Besitzes und des Erfolges. Wir sind reich und wir wissen, dass wir auf Kosten anderer leben. Wir brauchen andere Menschen und wir wissen, wie oft wir einsam sind. Wir klagen dir unsere Ratlosigkeit.

Kyrie: »Herr, erbarme dich...« (EG 178. 11)

LiturgIn: Wenn wir unsere Ängste benennen und du hörst uns zu, dann bist du auch da, wenn wir dich loben.

SprecherIn: Du hast die Welt geschaffen. Du liebst das Leben. Wir danken dir. Wir staunen, wie vollkommen deine Schöpfung ist. Die Fülle der Farben und die Vielzahl der Lebewesen. Und wir sind deine Geschöpfe. Wir danken dir.

Lied: »Himmel, Erde, Luft und Meer« (EG 504,1)

SprecherIn: Bei dir sind Anfang und Ende der Zeit verborgen. Du bist von Ewigkeit zu Ewigkeit. In unserer Hast und Unruhe schenkst du uns Sonnenaufgang und Sonnenuntergang. Wir sind in deiner Zeit geborgen. Wir danken dir.

Lied: »Himmel, Erde, Luft und Meer« (EG 504,6)

Lesungen

Hebräische Bibel: Gen 12,1–4 a; Briefe: 2 Thess 3,1–5

Lied nach der Predigt:

Hast du schon daran gedacht

2. »Hast du schon mal versucht, dich umzudrehen; mit dem, der nach dir kommt, ein Stück zu gehen? Denn keiner ...

3. Hast du schon mal bemerkt: An deiner Seite geht Christus neben dir! Er braucht dich heute. Denn keiner ...

Abendmahl

Mit Brot, Weintrauben und Wasser, mit denen auch der Altar geschmückt wurde. Möglicherweise als Agapemahl unter gegenseitiger Weitergabe der Gaben.

Aussendung und Segen

LiturgIn: Wenn ihr jetzt geht, dann geht als Gesegnete und Beschenkte. Geht, um weiterzugeben, was euch reich macht. Lebt als Geschwister der Schöpfung. Lebt im Glauben an die Auferstehung Gottes. Nehmt als Zeichen der Ermutigung eine Blume vom Altar mit.

LiturgIn und HelferInnen teilen die Blumen vom Anfang wieder aus.
Die Orgel spielt erneut eine Improvisation von »Geh aus, mein Herz, und suche Freud«.

Lied: »Geh aus mein Herz« (EG 503,15)

LiturgIn: Gott, die Quelle allen Lebens, segne euch.
Gott, der uns als Bruder und Schwester des Lebens begegnet, segne euch.
Gott, Geistkraft der Liebe und des Glaubens, erfülle euch mit Hoffnung auf all euren Wegen. Amen.

Vorschlag zur Predigt

Möglicher Anfang

Stellen Sie sich vor, Sie wären ein Fisch. Sie haben wunderschöne silbern glänzende Schuppen. Ihre Bewegungen sind geschmeidig und majestätisch, ihre Augen sind groß und rund. Sie verfangen sich in einem Netz. Möglicherweise ist es ein Schleppnetz. Daraus gibt es kein Entrinnen. Sie werden auf ein riesiges Schiff gezogen zusammen mit unendlich vielen ihrer Artgenossen. Sie ersticken und sterben. Sie enden als Konservenfisch.

Zum weiteren Verlauf

Die Überfischung der Weltmeere, der Verlust des Respekts vor der Schöpfung. Dagegen steht ein sinnvoller und maßvoller »Verbrauch«

des Lebens für das Leben. Das Bild des Fischnetzes hat alle Romantik verloren.

Aber das Netz bleibt ein Bild für Sicherheit (unter der Seiltänzerin), für Gelassenheit (die Hängematte) und für Verknüpfung und Beziehung (das Internet).

Simon, der Bootsbesitzer, seine Teilhaber und die Arbeiter und Arbeiterinnen, die eine harte Nacht hatten, die erfolglos geblieben ist. In der Luft schweben Bedrohung und Arbeitsplatzverlust, Perspektivlosigkeit und Abhängigkeiten, Hunger und Existenzbedrohung.

Jesus, der Rabbi, der unter freiem Himmel das Gespräch sucht und die Lebenswirklichkeit seiner Mitmenschen aufnimmt, um die Möglichkeit des Wunders zu illustrieren. Er findet Menschen, die seinen Auftrag gegen alle Vernunft erfüllen, bei denen damit bereits Veränderung einsetzt. Der Vollzug der Arbeit wird zur Verkündigung. Nur gemeinsam können Eigentümer und Arbeiterinnen die reichliche Ausbeute an Land bringen. Viele Hände sind nötig, um die Fülle zu bergen.

Die Menge des Fanges überwältigt die Menschen. Sie alle werden satt. Sie bergen gemeinsam die Zukunft für diesen Tag. Das Wunder führt vor allem bei Simon eine Umkehr herbei. Er bekennt sich als »sündiger« Mensch. Im Kontext der Arbeit und der Analyse struktureller Sünde kann diese Einsicht auch mit der Erkenntnis von Besitz und Besitzlosigkeit, Macht und Ohnmacht zu tun haben. Der Eigentümer wandelt sich zum Mitmenschen. Die Arbeiter und Arbeiterinnen zu Gefährten und Gefährtinnen (deutlich in der Übersetzung).

Mit Jesu Gegenwart eröffnen sich Wege der Selbsterkenntnis, der Wahrheit und der Umkehr. Der Fischzug dient weniger der Symbolik künftiger Missionserfolge als der Illustration neuer Besitzverhältnisse und neuer menschlicher Beziehungen. Am Ende verlassen Simon und seine beiden Teilhaber alles, was sie besitzen, und folgen Jesus in die Armut der Nachfolge.

Möglicher Schluss

Die Bekehrung des Simon, der Weg, wie er den Glauben findet, braucht keine Schleppnetze, keine hinterhältigen Methoden, die die Luft zum Atmen rauben, braucht keine Fesseln und Gefängnisse, sondern ereignet sich, weil Freiheit eröffnet wird. Sein bisheriges Leben erweist sich als Knechtschaft. Die Freiheit, die sich in dieser Arbeit vollzieht, ist die Freiheit der Gemeinschaft unter solidarischen Menschen, ist die Freiheit der Menschen, die an der Schöpfung mitarbeiten, statt sie zu erwürgen. Das Wunder macht aus Simon einen Menschen, der staunen kann. Den das Staunen Demut lehrt. Der Gott berührt. Der von Gott berührt wird. Und den der Glaube aus den Fesseln des Besitzes befreit zu einem neuen Leben.

Das müsste ich nachbuchstabieren, um heute missionarisch zu arbeiten. Es müsste mir gelingen im Arbeiten, im Vollzug des Lebens, die befreiende Kraft der Freundschaft zu zeigen, um zu verdeutlichen: So will Gott das Leben, so will Gott dich.

Mit dem Staunen beginnt die Heilung und Heiligung des Lebens. Die Schönheit einer Blüte, das Fliegen eines Schmetterlings, der Ruf des Käuzchens, das Heranwachsen der Kinder, die Schönheit eines Menschen – im Staunen lerne ich Innehalten und Loslassen. Ich bekenne: Das ist ein Wunder. Und Wunder öffnen Wege. Wege zu mir selbst. Den Weg zu Gott. Den Weg in die Freiheit. Das alles ist mir geschenkt. In aller Fülle. Wie sehr muss ich geliebt sein? Ist das nicht eine Grundlage zum Glauben? Der Gott, von dem das alles kommt, trägt und birgt das Leben und mich mittendrin.

Die Bibel verlockt zum Staunen. Der Weg des Glaubens aber geht weiter. Wie bei Simon. Die Nachfolge fordert konkrete Schritte. Simon sagt sich von seinem Besitz los. Er wagt sich hinaus. Und ich? Es sind dieselben Gefängnisse, die mich binden. Dieselben Netze, die mich fesseln. Es ist dieselbe Freiheit, die mich ruft. Dann kann die Welt verwandelt werden. Wenn ich das wage. Und solange mir der Mut dazu fehlt, will ich wenigstens nicht vergessen, dass die Tür offen steht. Dass Gott mich erwartet. Und die Menschen.

Gestaltungsideen

Als Dialogpredigt denkbar: ein inneres Gespräch des Simon vor und nach dem Wunder, oder als Gespräch zweier Gefährtinnen.

Eine Videoprojektion eines Unterwasserfilmes.

Blumen (siehe oben).
Bericht aus dem Leben eines Fischers/einer Fischerin heute (auch als Tonbandeinspielung denkbar). Verwendbar ist das greenpeace-magazin vom März 2002.

Ein Netz, das von Empore zu Empore gespannt ist.
Ein Netz, das zwischen den Kirchenbänken auf dem Boden ausliegt, über das die BesucherInnen in den Kirchenraum eintreten.

Fäden, die die BesucherInnen am Eingang bekommen, mit denen sie sich im Laufe des Gottesdienstes vernetzen.

Lebensschnüre, an denen Zettel befestigt sind, die für Lebensabschnitte Fesseln und Freiheiten bedeuten können, die beschriftet werden können.

Eine in ein Netz gewickelte Person im Altarraum (oder Kirchenschiff), die ihre Fesseln sprengt, nachdem sie sie benannt hat (sich entfesselt), oder die mit Hilfe anderer befreit wird. Das Netz könnte in einer weiterführenden Aktion zur Hängematte werden, die von anderen Anwesenden gehalten wird, in die sich Freiwillige einmal legen dürfen.

Kontexte

»Einmal im Leben, zur rechten Zeit, sollte man an Unmögliches geglaubt haben.«

Christa Wolf (zitiert ohne Quellenangabe aus: Jegliches hat seine Zeit. Glück- und Lebenswünsche von Bettine Reichelt, Thomasverlag Leipzig, 1998).

Hermann Schulz: Auf dem Strom, Hamburg 1998.

Der Missionar Friedrich Ganse verliert seine Frau und findet seine kleine Tochter schwer krank in der Missionsstation vor. Trotz seines Widerwillens folgt er dem Befehl des Dorfzauberers und bricht mit dem kranken Kind zu einer Flussreise auf, die beide in Lebensgefahr bringt, in deren Verlauf aber das Leben mit den Menschen am Ufer, die Gemeinschaft mit den Fremden, zur Rettung wird. Der Missionar erlebt seine Umkehr durch ein Netz menschlicher Verantwortung, mit dem er nicht gerechnet hatte.

6. Sonntag nach Trinitatis

Das Evangelium nach Matthäus 28,16–20

Dorothee Wüst

Exegetisch-homiletische Skizze

In seinem Schlusswort entwirft der Evangelist Matthäus eine kunstvolle Szene voll anrührender Menschlichkeit und mitreißender Göttlichkeit. Er verzichtet auf die Darstellung der Himmelfahrt und setzt stattdessen einen Doppelpunkt, der vor Dynamik nur so strotzt. Das letzte Kapitel des Matthäusevangeliums wird zum ersten Kapitel einer unendlichen Geschichte. Die Ambivalenz dieser Geschichte ist bekannt. Als so genannter »Missions-« bzw. »Taufbefehl« hat dieses Sendungswort alles andere als nur menschen- und gottesfreundliche Kapitel geschrieben. Nicht wenige Exegetinnen und Exegeten winden sich nahezu verschämt in der Auslegung dieser Worte. Und die Prediger und Predigerinnen mühen sich, die Problematik »christlicher Imperialismus« zu umschiffen oder aber frontal auszuhebeln.

Trotz ihrer Missbrauchsgeschichte hat diese Perikope es nicht verdient, nur über ihre Entstellung definiert und auch gepredigt zu werden. Sie ist von hoher Dramaturgie und ein grandioser Brückenschlag zwischen Jesus und seinen Jüngerinnen und Jüngern, zwischen Gemeinde und Gott, zwischen Erde und Himmel. Sie bringt in wenigen Worten Saiten des Fühlens, Denkens und Glaubens zum Schwingen, die hoffentlich auch nicht durch noch so viel menschliche Anmaßung und kirchliches Pfründedenken zu ersticken sind.

Noch einmal geht Matthäus mit seinen Protagonisten auf einen Berg – wie immer, wenn es um Existenzielles geht (Berg der Seligpreisungen, Berg der Versuchung, Berg der Verklärung). Er malt eine Szene der Extreme: ein Ort in Galiläa, menschlich vertraut und göttlich verfremdet. Jünger, die zweifeln und zugleich zu Hoffnungsträgern des jungen Christentums werden. Ein Herr, der als Auferstandener von göttlicher Vollmacht spricht und gleichzeitig wie ein Freund seelsorglich seine Be-

gleitung verheißt. Gott bleibt Gott und zugleich immer Mensch. Und will durch Menschen sein Reich in dieser Welt bauen.
Anspruch und Zuspruch halten sich im Text die Waage und sind gleichermaßen kraftvoll. Wir haben durch die Zeiten erlebt, wie der Anspruch zu einem Absolutheitsanspruch ohne Dialogfähigkeit mutieren kann. Wir haben erlebt, wie der Zuspruch seinen Gnadencharakter verliert und zur Selbstverständlichkeit degradiert wird. Aber gerade in der Gebrochenheit der Welt, in der Vorläufigkeit unserer kirchlichen Realität, im Fragmentarischen unseres Seins setzen die Schlussworte des Matthäusevangeliums immer wieder einen Doppelpunkt: Wer den Anspruch ernst nimmt, wird nicht anders können, als kritisch und selbstkritisch, aber dennoch dynamisch Botin und Bote zu sein. Wer den Zuspruch ernst nimmt, wird wissen, was möglich ist und dennoch dem das Schlusswort lassen, der allein Gott ist. Das gehört zum Wesen von Mission: sich mit ganzem Herzen der Botschaft verpflichtet wissen und gleichzeitig die eigenen Grenzen in dem erkennen, der sie auf den Weg schickt.

Predigtidee

Reizvoll und schwierig zugleich ist die Fülle der Themen. Menschlicher Zweifel und göttliche Vollmacht, die Bedeutung der Taufe und die Geheimnisse der Trinität, der Zusammenhang zwischen Glaube und Leben und die inhaltliche Füllung von Glaube und Leben, Sinn und Un-Sinn von Mission, Gottesferne und Gottesnähe: genug Stoff für Predigten weit über die Pensionierung hinaus.
Eine weitere Herausforderung liegt darin, dass dieses Matthäuswort liturgischer Bestandteil des Taufgeschehens ist. Für viele im Gottesdienst ist es bekannt und vertraut auf der Ebene liturgischer Sprache. Eine Predigt darüber bedeutet nahezu eine Übersetzung (vgl. hierzu die Übersetzung in: der gottesdienst. Liturgische Texte in gerechter Sprache. Band 4 Die Lesungen).
Ich will erzählend am Text entlanggehen. Ich möchte die Hörerinnen und Hörer in die Situation mit hineinnehmen, sie mit meinen Augen das Geschehen erleben lassen, sie mit meinen Fragen und Gedanken ins Gespräch bringen und ihnen letztendlich die Möglichkeit lassen, ihren eigenen Standort in dieser Geschichte und dem offenen und verheißungs-

vollen Weg danach zu finden. Eine »tour de force« durch fünf Verse – eine Momentaufnahme auf dem Berg – ein nach wie vor offenes Ende.

Predigtthema

»Wer predigt, ist ein Gesandter, manchmal sogar ein geschickter.«
Bismarck, Quelle unbekannt

Vorschläge zur Liturgie

Lieder

Du hast uns, Herr, gerufen (EG 168); O Herr, sei mitten unter uns (EG 576, Regionalteil Pfalz); Das sollt ihr, Jesu Jünger, nie vergessen (EG 221); Sonne der Gerechtigkeit (EG 262); Jesus, der zu den Fischern lief (EG 313); Vertraut den neuen Wegen (EG 395); Geht hin, geht hin in alle Welt (EG 593 – Regionalteil Pfalz); Ein Schiff, das sich Gemeinde nennt (EG 609 – Regionalteil Pfalz); Damit aus Fremden Freunde werden (EG 612 – Regionalteil Pfalz); Herr, wir bitten, komm und segne uns (EG 610 – Regionalteil Pfalz)

Eingangsvotum

Wir beginnen unseren Gottesdienst im Namen Gottes.
Gott ist Quelle und Ziel allen Lebens.
Jesus Christus hat Menschen Hoffnung gemacht,
dass Fülle, Leben und gute Beziehungen möglich sind.
In Gottes Geist finden wir Mut, wenn es nötig ist,
gegen den Strom unserer Zeit zu schwimmen.
Aus: H. Rosenstock/H. Köhler: Du, Gott, Freundin der Menschen. Stuttgart 1991

Eingangsgebet

Einer sieht einen Weg, und andere kommen weiter.
Einer findet die Worte und bringt andere zum Sprechen.
Einer hat zuerst den Mut, und andere werden frei.
Einer gibt seine Fehler zu, und andere helfen ihm weiter.
Allein muss es keiner schaffen. Gott, hilf unserem Miteinander. Amen.
Nach: F. K. Barth u. a., Gottesdienst menschlich, Wuppertal 1990

Lesung

Jes 43,1–7
(alternativ: Matthäus 5,1–12)

Fürbittengebet

Gott der Liebe und des Lebens,
wir danken dir, dass wir immer wieder zu dir kommen können
mit unserer Freude und unserem Dank,
aber auch mit unserem Zweifel und unserer Angst.
Wir danken dir, dass wir dir offen bekennen können,
wo du uns verborgen bleibst und wo wir dich nicht verstehen.
So bitten wir dich:
Mache uns Mut, den Weg, den du mit uns gehen willst, weiterzuverfolgen.
Gib, dass wir uns nicht abschrecken lassen
von den Hindernissen und Beschwernissen,
die auf diesem Weg liegen:
von dem Elend und dem Leid,
auf das wir auch keine Antwort wissen;
von der Ungerechtigkeit und dem Unfrieden,
gegen die wir scheinbar nichts ausrichten können
mit unserer kleinen Kraft;
von dem Unglauben und dem Unverständnis,
die uns betroffen machen
und an denen wir kaputtzugehen drohen;
von der Kälte und Gefühllosigkeit,
die uns frieren und erstarren lassen;
von unserer eigenen Mutlosigkeit
und unserem eigenen Kleinglauben,
die uns zum Rückzug verleiten wollen, wo wir voranschreiten sollten.
Wir danken dir, dass du an uns glaubst,
auch wenn uns der Glaube fehlt;
dass du uns vertraust, auch wenn es uns an Vertrauen mangelt;
dass du bei uns bist, auch wenn wir meinen, du seist uns fern.
So sende uns deinen Geist
und lass uns von hier aus aufbrechen mit neuem Mut und neuer Kraft.

Claudia Wüstenhagen, aus: »Werkstatt für Liturgie und Predigt« (Jahrgang 95), © Bergmoser + Höller Verlag AG, Aachen

Vorschlag zur Predigt

Möglicher Anfang

Lasst uns auf diesen Berg gehen. Wie immer, wenn es etwas Entscheidendes zu sagen gibt. Lasst uns Jünger und Jüngerinnen sein, die eine bewegte Geschichte hinter sich haben. Die erlebt haben, wie ihre Träume am Kreuz zerschlagen wurden. Die Fragmente von Hoffnung in den engen Räumen ihrer Zukunftslosigkeit entdeckt haben, als Frauen vom Aufbruch in eine neue Welt erzählt haben. Die letztendlich auf einen Berg bestellt worden sind, ohne zu wissen, was sie erwarten wird.

Wir sind angekommen, wir sehen den Auferstandenen, wir fallen nieder. Auf unsere Knie. Fassungslos, weil nichts mehr stimmt. Zweifelnd, weil alles stimmen soll. Zutiefst bewegt, weil Neues stimmt. Das Leben stimmt. Das Leben nach dem Tod, gegen den Tod. Das Leben mit Gott. Zweifel und Faszination, Faszination und Zweifel. Im Knien bringen wir zum Ausdruck, was unsere Seele bewegt.

Und da ist er. Der Auferstandene, der unserem Glauben just alles abverlangt, was er leisten kann. Einer, der tot war, lebt. Einer, den sie geschändet haben, ist Inbegriff der Ehre. Einer, der so ohnmächtig war, ist der, der alle Macht für sich in Anspruch nimmt. Meine Knie bleiben gebeugt. Fasse es, wer es fassen kann. Ich kann es kaum.

Er spricht. Der Auferstandene spricht. Er spricht wie ein Mensch. Wie ein Mensch, den wir kennen. Und doch spricht er aus einer anderen Welt. Er spricht wie ein Gott, dem die Welt zu Füßen liegt und liegen soll. Und dennoch ist es der, mit dem wir am Feuer saßen und die alten Lieder sangen. Er ist unser Gott und er ist unser Freund. Fasse es, wer es fassen kann. Ich kann es kaum.

Ich soll es fassen. Hier und jetzt. Ich fasse Bruchstücke. Fragmente. Wörter. »Gewalt« höre ich. Gewalt kenne ich. Aus meinem Leben, aus dem Leben anderer, aus der Zeitung, aus den Nachrichten. Gewalt kenne ich nur allzu gut. Wieso spricht er von Gewalt? Er, dem Gewalt ein Fremdwort war. Er habe alle Gewalt auf Erden. Und die Politiker? Und die Wirtschaftsbosse? Und all ihre Helfer und Helfershelfer? Mein Leben unter deren Gewalt. Mein Leben unter seiner Gewalt?

Zum weiteren Verlauf

Gewalt: In diesem Abschnitt wird »die Jüngerin« von ihrem Weg mit Jesus erzählen – von ohnmächtigen Ängsten und machtvollen Momenten. Von struktureller und realer Gewalt, die Menschen in Schach hält, und von der »exousia« Jesu, die neue Freiheitsräume eröffnet. Von Gewalt auf Erden, die Menschen in ihren Möglichkeiten verkümmern lässt, und von der Macht Gottes, die Menschen erst Menschen sein lässt. Sie wird erzählen vom Zweifel, der angesichts von kalten Gesichtern und harten Händen der göttlichen Macht nichts zutraut. Und sie wird erzählen von der Hoffnung, die auf langen Atem und den guten Weg setzt – gegen allen Augenschein.

Indem ihr geht: Gehen ist »der Jüngerin« vertraut. Sie ist eine lange Strecke mit dem Rabbi, dem Gekreuzigten, dem Auferstandenen gegangen. Sie hat erlebt, dass erst im Gehen Dinge passieren, auf den Weg gebracht werden. Sie erinnert sich an ihren eigenen Weg – Fortschritte und Rückschritte. Sie erinnert sich an Begegnungen, wie sie nur auf dem Weg widerfahren können. Sie wagt den Blick in die Zukunft: Das Gehen wird integraler Bestandteil ihres Lebens bleiben. Sie will nicht stehen bleiben, sie will unterwegs sein und bleiben. Um selbst neue Erfahrungen zu machen, um anderen Menschen zu begegnen. Sie weiß um Sackgassen, Irrwege, Talfahrten, aber sie weiß auch um Höhenflüge, Zielgeraden und Wege, die sich eröffnen. Und vor allem weiß sie: Stillstand ist der Tod.

Machet zu Jüngern: Denn ihr Leben war Stillstand. Als sie dem galiläischen Rabbi begegnet ist, war ihr Alltag normal und unspektakulär und zutiefst bedrückend. Er hat sie herausgerufen aus ihrem Alltag, sie zu »der Jüngerin« gemacht. Sie wird erzählen, wie das ihr Leben auf andere Füße gestellt hat. Nicht nur auf den ersten und zweiten Blick – die sind gar nicht so wichtig. Wichtig ist das Herz, das anders fühlt und die Seele, die anders atmet. Sie wird erzählen von dem veränderten Blick, der ihr eigenes Gesicht mit gnädigen Augen im Spiegel anblickt. Und von diesen Augen, die nicht anders können, als gnädig anderer Leute Gesichter zu betrachten. Sie wird von Toleranz und Solidarität erzählen. Und von ansteckender und mitteilsamer Liebe, die Freunde und Freundinnen in dieser Liebe finden will.

Indem ihr tauft: Sie wird sich erinnern an die Situationen von Taufe, die sie miterlebt hat. An die Bedenken – darf denn jeder getauft werden? An die offenen Fragen – was verändert sich dadurch? An das Geheimnis –

ist das Phänomen »Taufe« mit Worten wirklich zu erklären? An die Hoffnung – öffnet sich durch die Taufe ein Tor zum Leben? An die Zusage – Gemeinschaft wird sein: untereinander und mit dem, der das Leben will bis in alle Ewigkeit. An die Aufgabe – kann ich das durchhalten mit meinem Leben, in meinem Leben? An die Verheißung – mit Gottes Hilfe, warum nicht?
Indem ihr lehrt: Sie wird erschrecken, weil es auch um ihre Hilfe geht. Und sie wird sich fragen, ob sie das kann. Mit ihrem kleinen Kopf und ihrem kleinen Gefühl und ihrem kleinen Glauben und ihrem kleinen Leben. Sie wird versuchen, in den Augen des Auferstandenen die Antwort zu lesen. Und wird dieses unendliche Zutrauen finden, mit dem Jesus schon immer in Menschen das Menschenmögliche geweckt hat – das, was Menschen möglich ist. Nicht mehr und nicht weniger. Sie hält nach wie vor den Atem an, ist aber gleichzeitig elektrisiert. Sie ist auf Knien und dennoch auf dem Sprung. Es ist nötig, es ist möglich, denn:
Ich bin mit euch: Sie weiß, dass er sie nicht an die Hand nehmen wird wie ein Kind. Sie wird erwachsen werden müssen, ihren eigenen Weg gehen, ihren eigenen Glaubensweg finden. Aber es wird kein einsamer Weg sein. Sie wird ihn mit anderen gehen, die ihre Zweifel und ihre Zuversicht teilen – hinein in die Welt und zu den Menschen.

Gestaltungsmöglichkeiten

Für die unter uns, denen die »Bretter, die die Welt bedeuten«, nicht fremd sind, könnte ich mir vorstellen, die Predigt zu »inszenieren«: Der Anfang der Predigt auf der Kanzel, während des Einstiegs das Anlegen eines Kostüms, eine langsame Metamorphose zur »Jüngerin« und das für alle nachvollziehbare Hineingleiten in eine Rolle. Und am Schluss findet »die Jüngerin« wieder den Weg auf die Kanzel – zurück in das Hier und Jetzt, in die »missionarische Situation« der Gegenwart.
Weitere Möglichkeit: Da es darum geht, Menschen Mut zu machen, die gute Nachricht zu überbringen, kann den Gottesdienstbesuchern und -besucherinnen während des Liedes nach der Predigt eine Postkarte ausgeteilt werden. Adressat: Mit-Mensch, Inhalt: kostbar, Absender: Gott. Auf der Rückseite entweder verschiedene »gute Worte« oder aber ein freier Platz, der von den Gottesdienstteilnehmern selbst ausgefüllt werden kann.

Kontexte

»Jesus: ›Komm und sieh!‹ / ›Wo kämen wir hin / wenn alle sagten / wo kämen wir hin / und niemand ginge / um einmal zu schauen / wohin man käme / wenn man ginge‹«

Kurt Marti

»Verzicht auf das Wagnis, einmal zur Gewöhnung geworden, bedeutet im geistigen Bereich ja immer den Tod.«

Max Frisch, Stiller

»Die zwölf Auferstehungszeugen sind gar nicht, wie ihnen hier in der Schlusslegende des Matthäus der Auferstandene befiehlt, als Missionare in alle Welt gezogen. Sie sind mit der einen Ausnahme des Petrus in Jerusalem sitzen geblieben und dort gestorben.«

Emanuel Hirsch

»Einer fragte Herrn K., ob es einen Gott gäbe. Herr K. sagte: ›Ich rate dir, nachzudenken, ob dein Verhalten je nach der Antwort auf diese Frage sich ändern würde. Würde es sich nicht ändern, dann können wir die Frage fallen lassen. Würde es sich ändern, dann kann ich dir wenigstens noch so weit behilflich sein, dass ich dir sage, du hast dich schon entschieden: Du brauchst einen Gott.‹«

Bertolt Brecht, Kalendergeschichten

»Der Auftrag der Kirche, in welchem ihre Freiheit gründet, besteht darin, an Christi Statt und also im Dienst seines eigenen Wortes und Werkes durch Predigt und Sakrament die Botschaft von der freien Gnade auszurichten an alles Volk. Wir verwerfen die falsche Lehre, als könne die Kirche in menschlicher Selbstherrlichkeit das Wort und Werk des Herrn in den Dienst irgendwelcher eigenmächtig gewählter Wünsche, Zwecke und Pläne stellen.«

Aus der Barmer Theologischen Erklärung, These 6

Tipps zum Text

»Stillstand ist der Tod«, Zitat aus: Herbert Grönemeyer (Alles bleibt anders, CD).
»Ernten, was man sät«, Titel von Xavier Naidoo (Nicht von dieser Welt, CD).
»Nichts bleibt für die Ewigkeit«, Titel von Die Toten Hosen (Opium fürs Volk, CD).

7. Sonntag nach Trinitatis

Das Evangelium nach Johannes 6,1-15

Wolfhart Koeppen

Exegetisch-homiletische Skizze

Warum Johannes? Die Speisungsgeschichte des vierten Evangeliums berührt sich so eng mit den synoptischen Parallelen, dass sich die Frage nach dem Spezifikum der Perikope geradezu aufdrängt. Geht es – exegetisch und homiletisch – um eine vom joh. Kontext weitgehend unabhängige Wundererzählung, so dass es beinahe gleichgültig ist, ob am 7. Sonntag nach Trinitatis über Joh 6,1–15 oder Lk 9,10–17 (= OP V) gepredigt wird? Oder ist die johanneische Perikope im Vorblick auf die ihr folgende Brotrede auszulegen, entweder als bildhaft-realistische Einkleidung des Ich-bin-Wortes V. 35 (»Ich bin das Brot des Lebens. Wer zu mir kommt, den wird nicht hungern ...«) oder, vom Schlussvers 15 her gelesen, als eine Art Negativfolie zu der ganz und gar spirituell-jenseitigen Verheißung V. 47 (»Wer glaubt, hat das ewige Leben«)?

Eine andere Fragerichtung ist womöglich noch wichtiger: Welche Aussagekraft und welchen Sinn hat Joh 6 in einer Überflussgesellschaft, die, von Ausnahmen abgesehen (zu denen durchschnittliche Gottesdienstbesucherinnen und -besucher in aller Regel nicht gehören), kaum noch materiellen Hunger kennt? Die biblischen Speisungsgeschichten handeln von Menschen, die nichts zu essen haben. Sind sie überholt in einer Welt der sozialen Sicherungssysteme, in der spirituelle Leere und emotionale Bedürftigkeit weithin an die Stelle körperlichen Mangels getreten sind? Oder gilt es im Gegenteil, das scheinbar vordergründige Geschehen, befreit von Erdenschwere und Menschenschicksal, auf eine dahinter liegende geistige Wirklichkeit hin durchsichtig zu machen, losgelöst von den konkreten Bedingungen des Elends und der menschlichen Hilfsbedürftigkeit? Dann allerdings wäre Jesus nur ein Religionsstifter wie viele andere, hilfreich für die Erkenntnis höherer Welten, gut fürs Seelenheil und den inneren Frieden seiner Anhänger, aber keine Offenbarung der menschgewordenen

Liebe Gottes zu den Hungrigen, Entrechteten und Bedürftigen. Sehen wir, welche Hinweise auf solche Fragen dem Text zu entnehmen sind!

Beobachtungen am Text: Anzunehmen ist, »dass Joh die zwei Wundererzählungen von Mk 6,35–44; 8,1–9 (...) kannte ... und miteinander verband« (C. K. Barrett, Joh [KEK-Sonderband]. Göttingen 1990, Seite 285). Deutlich ist ferner, dass Joh »die Initiative Jesu und seine Freiheit zu handeln« betont (ebd.): Bei Joh ist es Jesus, der selbst, ohne Unterstützung durch die Jünger, das Brot an die Menge verteilt. Erkennbar sind schließlich Reminiszenzen an atl. Speisungsgeschichten (Elisa, 2 Kön 4,42–44 – Gerstenbrote!; Mose als Typus des prophetischen Königs – das Mannawunder). So lässt die Szene an die Sammlung der Erwählten durch Gott bzw. an Jesus als den endzeitlichen Mose (also eine im weiteren Sinn messianische Gestalt) denken. Auch den Hinweis auf die überströmende Fülle der Gabe Jesu teilt Joh mit den Synoptikern (Joh 6,13 und Mk 6,34: 12 Körbe; Mk 8,8: 7 Körbe). Demgegenüber liegen, sofern überhaupt im Blick, eucharistische Anspielungen oder Assoziationen eher am Rande; es fehlt jeder Anklang an liturgische Formeln oder Riten.

Eine Annäherung an die spezifisch johanneische Christologie geschieht innerhalb der Perikope nur andeutungsweise: In V. 2 wird der Wunderglaube der Menge erwähnt, in V. 14 f. ausdrücklich problematisiert (vgl. V. 26). Dies besagt: Die wunderbare Gabe des Brotes ist nicht selbst das Heil, sondern »nur« sein »Zeichen« – sichtbarer Hinweis auf die unvergleichlich größere Wahrheit, dass Jesus selbst »Gottes Brot ist ..., das vom Himmel kommt und der Welt das Leben gibt« (6,33). »Brot« ist für Joh also ein »Bild für die soteriologische Funktion Jesu« (H. Merkel zSt, in: GDP A, I/4, Exegesen. Gütersloh 1984, Seite 109). Sein Reich ist nicht von dieser Welt (18,36); er schenkt Leben, nicht Lebensmittel. Der Geber selbst ist die Gabe.

Wie predigen? Mit den Beobachtungen am Text ist die Frage nach der homiletisch-liturgischen Umsetzung erst gestellt, nicht beantwortet. Denn was heißt konkret und praktisch: »Jesus ist das Brot des Lebens«, das »den Lebenshunger endgültig zu stillen vermag« (J.-W. Taeger zSt, in: GDP A, I/4, Exegesen. Gütersloh 1990, Seite 123)? Ich fürchte: Solche Formeln verleiten zu einer individuellen Himmelfahrt, die nur das eigene (jenseitige) Seelenheil, nicht aber die soziale Dimension des Glaubens – das Gottesvolk – im Blick hat und darum in der Gefahr steht, reale irdische Not und offenkundiges Elend zu vergleichgültigen.

Demgegenüber verstehe ich das souveräne Handeln Jesu gerade als Einspruch gegen eine Selbstbedienungsmentalität, der es je nach Einstellung vornehmlich um den inneren Frieden oder den materiellen Vorteil geht. Daraus folgt für mich das Predigtthema: Jesus schenkt Leben in Fülle – für alle. Wenn Johannes Jesus als menschgewordene Liebe Gottes verkündet, so gilt diese Liebe in der Tat allem, was lebt. Darum ist (allen Effektivitäts- und Rentabilitätskriterien zum Trotz) das im Geist und in der Liebe Jesu geteilte Leben das angemessene Bekenntnis zu ihm als dem König, dessen Reich nicht von dieser Welt ist.

Predigtidee

Ich schlage vor, textgemäß die »synoptische« und die »johanneische« Perspektive der Perikope miteinander zu verknüpfen. Auf diese Weise lassen sich am ehesten beide Fehldeutungen vermeiden: die Vergleichgültigung des realen Hungers und die Verwechslung des von Jesus geschenkten Lebens mit sozialer Aktivität. Jesus ist nicht der Fluchthelfer aus sozialer Verantwortung und dem Bemühen um eine gerechtere Welt. Sondern er ist Gabe und Versprechen in einem: Das Leben, das er schenkt, ist mehr als genug. An uns ist es, dies unter den Bedingungen dieser Welt und unseren jeweiligen Möglichkeiten erfahrbar werden zu lassen. Deshalb gehört zum Gottesdienst mit Joh 6 die Feier des Abendmahls – das Fest des Lebens, das Jesus mit uns teilt.

Predigtthema

Jesus schenkt Leben in Fülle – für alle

Vorschläge zur Liturgie

Lesungen

Psalm 136 (im Wechsel gesprochen); AT: Ex 16,2–3.11–18; NT-Epistel: Apg 2,41a.42–47. Der Predigttext ist das altkirchliche Evangelium.

Lieder (nach EG)

326,1–3 (Sei Lob und Ehr dem höchsten Gut); 324,1–3 (Ich singe dir mit Herz und Mund); EG 324,12–14 (Du füllst des Lebens Mangel aus); 221,1–3 (Das sollt ihr, Jesu Jünger, nie vergessen); 502 (Nun preiset alle Gottes Barmherzigkeit); EG-Regionalteil Bayern-Thüringen: 571,1–3 (Nun segne und behüte uns).

Eingangswort

Wir sind hier beisammen
im Namen Gottes, des Vaters, dem wir unser Leben verdanken;
im Namen des Sohnes, der uns zu einem Leben in Glaube, Hoffnung und Liebe befreit;
im Namen des Heiligen Geistes, der uns ermutigt, unser Leben miteinander zu teilen.

Anrufung (mit Kyrie 178.9)

Aus dieser Woche und aus unserem alltäglichen Leben kommen wir zu Gott.
Viel Gutes haben wir erlebt – und einfach hingenommen.
Wir haben uns mehr Sorgen gemacht als nötig.
Wir haben Gottes Gaben nicht geteilt, sondern für uns behalten – aus Angst, zu kurz zu kommen.
Wir haben der Liebe Gottes nicht getraut, haben Gottes Großzügigkeit und Gottes Reichtum nicht weitergegeben.
Darum hoffen wir von neuem auf Gemeinschaft mit Gott und miteinander und bitten: Herr, erbarme dich.

Gnadenwort (mit Lied 179,2)

In Jesus Christus teilt der ewige Gott sein Leben mit uns.
Er gibt uns Anteil an seinem Reichtum
und macht uns Mut, mit anderen zu teilen, was er uns anvertraut.
Er selbst beschenkt uns mit allem, was wir zum Leben brauchen – mit Glaube, Hoffnung und Liebe.
Darum danken wir Gott und preisen seinen Namen: Wir loben, preis'n, anbeten dich ...

Gebet des Tages

Herr, unser Gott,
du Retter aus Mangel und Not:
Von dir kommt das Brot der Erde
und das lebendige Brot vom Himmel.
Hilf, dass wir deine Gaben dankbar empfangen.
Mach uns bereit, zu teilen und weiterzugeben
an alle, die deine Hilfe brauchen.
Durch unseren Herrn Jesus Christus.

Nach: E. A. Seite 273/155

Segen

Geht mit dem Segen Gottes.
Gott beschütze euch auf allen euren Wegen.
Er gebe euch Augen für seinen Reichtum und Freude an seinen Gaben.
Jesus Christus schenke euch seine Gnade.
Er helfe euch seine Gaben zu teilen und so Gerechtigkeit, Versöhnung und Frieden zu schaffen.
Der Heilige Geist sei in euch.
Er mache euch zu Menschen, die Gottes Liebe ausbreiten und Segen stiften.
So segne euch der allmächtige und barmherzige Gott, der Vater, der Sohn und der Heilige Geist.

Vorschlag zur Predigt

Möglicher Anfang

»Und sie aßen und wurden alle satt.« Und wenn sie nicht gestorben sind, leben sie heute noch?
Da bin ich nicht sicher. Wenn wir uns hier zum Gottesdienst versammeln, haben wir alle gut gefrühstückt. Wir haben keinen Hunger. Warum erzähle ich, der ich satt bin, Ihnen, die Sie auch satt sind, die alte Geschichte von der wunderbaren Brotvermehrung? Was geht sie uns an? Jesus macht die Hungrigen satt. Wer sagt denn, dass wir mit dieser Geschichte gemeint sind. Wir haben keine Nahrungsprobleme. Wir sind Bürger im reichsten Land der Welt. Auch wenn es bei uns noch genug

zu verbessern gibt – aufs Ganze gesehen, geht es uns geradezu unverschämt gut. Mit unserem Reichtum und mit unserer sprichwörtlichen deutschen Tüchtigkeit lehren wir zwei Drittel der Welt das Fürchten. Wir produzieren riesige Überschüsse. Wir wissen nicht wohin mit unserem Wohlstandsmüll. Nicht die Produktion, die Entsorgung ist unser Problem. Zwölf Körbe – wie romantisch!
Trotzdem werden wir die Geschichte von der wunderbaren Brotvermehrung nicht los. Denn sie erinnert uns an einen Tatbestand, den wir meist vergessen: Wir sind satt, während andere Menschen hungern.

Zum weiteren Verlauf - ein Dialog

- Also wieder einmal der Aufruf: Tut Gutes, spendet für Brot für die Welt? Haben wir nicht genug eigene Sorgen: der Vater arbeitslos, die Oma im Krankenhaus, die Kinder haben Kummer mit der Schule und die Kosten wachsen uns über den Kopf ...?
- Ihr müsst – jedenfalls zunächst – gar nichts tun. Rechnet damit und nehmt wahr, was Jesus euch gibt: Leben, nicht bloß Lebensmittel. Er schenkt euch, was wichtiger ist als Erfolg, Gesundheit oder Euro: Glaube, Hoffnung und Liebe. Das genügt.
- Worte, nichts als Worte! Und daran sollen wir uns halten? Seelentrost statt Hilfe, Ausflucht statt Ermutigung?
- Im Gegenteil! Das ist Jesu Geschenk an euch, an das ihr euch halten und von dem ihr zehren könnt: Er nimmt euch, was schlimmer ist als alle Probleme: eure Angst um euch selbst. Er gibt euch, was mitunter noch wichtiger ist als das tägliche Brot: Mut zum Leben, Liebe zu euch selbst und den Menschen, Hoffnung auf ein größeres Glück. Ihr müsst nicht fürchten, zu kurz zu kommen. Oft erweist sich der wirkliche Überfluss erst ganz zuletzt, wenn alles gegessen ist.
- Gut gesagt. Doch: Wie lässt sich das erfahren, wo erleben, wie erproben?

Möglicher Schluss

Jesus macht Hungernde satt. Genau das feiern wir beim Abendmahl. »Nehmt und esst, nehmt und trinkt« – alle! Da wird unser Horizont auf einmal unendlich weit. Da merken wir, dass wir zu einer weltweiten Gemeinschaft gehören und dass die Hungernden mit uns am Tisch sitzen. Und es gibt tatsächlich alles umsonst, jeder bekommt die gleiche Ration, und es reicht wirklich für alle. Da werden Selbstversorger zu Jüngerinnen und Jüngern, die ihren Reichtum entdecken. Da werden Christen zu Menschen, die bereit sind, ihre Herzen und Hände zu öffnen, zu teilen und weiterzugeben. Da wächst Gerechtigkeit. Da spüren wir »die Fülle des geteilten Lebens: Wir dürfen essen, so viel wir brauchen – bis wir satt sind, und das Brot wird nicht ausgehen in der Gemeinschaft derer, die von der Liebe und vom Geist Gottes ergriffen sind« (R. Traitler, in: Predigtstudien I/2, Stuttgart 1991, Seite 151). Denn da ist Jesus mittendrin – er, der uns auch heute an seinen Tisch einlädt, damit wir in seinem Namen das Leben teilen wie ein Stück Himmel.

Gestaltungsidee

Zu einem Gottesdienst mit Joh 6 gehört das Abendmahl. Wenn dies aus Gründen der gemeindlichen Routine oder wegen möglicher Vorbehalte nicht sinnvoll erscheint, könnte stattdessen eine »Brot-Aktion« zum Teil der Predigt werden: Indem aufgeschnittenes Brot durch die Reihen gereicht wird, gibt sich die Gemeinde gleichsam selbst ein Beispiel: Wir teilen, was wir empfangen, und geben einander damit ein Zeichen der Liebe Jesu. Dazu kann ein Lied gesungen werden.

Kontext

Die gewöhnliche Frage »Was sollen wir tun?« muss mit der ungewöhnlichen Frage »Von wo empfangen wir etwas?« beantwortet werden. Die Menschen müssen wieder verstehen lernen, dass man nicht viel geben kann, wenn man nicht viel empfangen hat. Die Religion ist in erster Linie eine geöffnete Hand, eine Gabe entgegenzunehmen, und erst in zweiter Linie eine tätige Hand, Gaben auszuteilen.

Paul Tillich

Hiroshima-Tag 6. August
Kraniche für Hiroshima
Offenbarung 8,6-13

Uwe Rieske-Braun

Exegetisch-homiletische Skizze

Der heiße Augusttag des Sommers 1945, der mit dem Abwurf der ersten Kernwaffe auf das japanische Hiroshima verbunden ist, ist eine Chiffre für den Atomkrieg. Wie der Ortsname Auschwitz den Holocaust symbolisiert, Pearl Harbor an die Landung der Alliierten erinnert, stehen die Ortsnamen Nagasaki und Hiroshima für die verheerenden Atombomben, die 1945 auf japanische Städte fielen. Die Namen dieser Städte lösen sofort Assoziationen aus.

In vielen Gedichten wird das Grauen des 6. 8. 1945 in Sprache gefasst. Tom La Blanc, Pablo Neruda, Marie Luise Kaschnitz und andere haben Hiroshima-Gedichte geschrieben. In der Poesie wird der Schrecken bewahrt, aber auch zur Mahnung. Es fällt schwer, sich dieser Erinnerung auszusetzen, mit ihr angemessen umzugehen. Die Druckwelle und die Hitze der Hiroshima-Bombe zerstörten auf einer großen Fläche sämtliche Gebäude, Häuser, Gegenstände, Lebewesen. 90 000 Menschen wurden sofort getötet. Von manchen blieben lediglich Schattenbilder in der Asche, Umrisse auf Mauern. Jahre- und jahrzehntelang starben Menschen an den Folgen der radioaktiven Verstrahlung. Das Inferno brach herein über einen sommerlichen Alltag in einer vom Krieg bislang weitgehend unbehelligten Stadt. Die Bombe verbrannte Menschen, Tiere, Pflanzen, Gebäude, nahezu das gesamte Leben der Stadt Hiroshima.

Der vorgeschlagene Predigttext für den Hiroshima-Tag, die ersten vier apokalyptischen Posaunen der Johannes-Offenbarung, liest sich wie eine Prophetie auf diese reale Apokalypse des Atomzeitalters. Und doch ist die Wahl dieses Textes für den Hiroshima-Sonntag theologisch hochbrisant. In der Apokalypse ist offenkundig Gott der Urheber des apokalyptischen Schreckens. Dieser Text zu diesem Anlass rührt an die Theodizee-Frage. Die Posaunen-Engel der Offenbarung sind alles andere als Barockfiguren; es sind Gottes Schreckensboten. Wie lässt sich dieser Text angemessen auf das Grauen von Hiroshima beziehen?

Als der erste Engel blies, fielen Hagel und Feuer, mit Blut vermischt, auf das Land. Das Bild ist aus Ex 9,24 bekannt, aus der siebenten der ägyptischen Plagen, die hier anklingen, aber gesteigert und ins Kosmische erweitert werden: Die Septuaginta übersetzt: »Es war Hagel und flammendes Feuer in dem Hagel.« Der Verderben bringende Regen ergießt sich in Offb 8,7 auf die gesamte Erde, ist ein Vorzeichen des nahenden Endes, vernichtet ein Drittel der Bäume und alles grüne Gras. Der zweite Engel lässt ein Drittel des Meeres zu Blut werden, nach Erschallen der dritten Posaune fällt ein großer Stern vom Himmel, der ein Drittel der Flüsse und die Quellen vergiftet. Der vierte Engel lässt eine Verdunkelung der Gestirne eintreten, so dass ein Drittel des Mondes und der Sterne verfinstert werden, aber auch die Sonne am Tag büßt den gleichen Teil ihrer Leuchtkraft ein. »Durch die vier rasch aufeinander folgenden Schläge ist der ganze Kosmos aus seiner Ordnung geworfen worden. Wehe den Menschen!« (E. Lohse, NTD 11, Göttingen 1976).

Text und Anlass wirken denkbar verstörend auf eine Gemeinde, deren beträchtlicher Teil sich in der Sommerfrische befindet. Die Apokalyptik als zeitgeschichtlicher Kontext, in den der Text gehört, stellt dabei ein besonderes Problem. Zumutungen, Kontradiktionen, theologische Probleme allerorten und allenthalben. Wo beginnen?

Beim Leben. Ziel und Fluchtpunkt in der apokalyptischen Bilderwelt der Johannes-Offenbarung ist am Ende die Aussicht auf den neuen Himmel und die neue Erde (Offb 21). Das endzeitliche Schreckensszenario entwickelt sich in keiner anderen Gewissheit als der des endzeitlichen und kosmischen Herrschaftsanspruches Gottes über das gesamte Leben, der abwischen wird »alle Tränen von ihren Augen, und der Tod wird nicht mehr sein, noch Leid noch Geschrei noch Schmerz wird mehr sein« (Offb 21,3). Diese Hoffnung gilt, als eine wahrhaft endgültige und gewisse ist sie die Schlusspointe der Apokalypse. Gottes Herrschaftsanspruch wird sich kosmisch durchsetzen. Gott ist gegenwärtig, auch im unvorstellbaren Schrecken des Krieges fällt nichts und niemand aus seiner Hand.

Das Grauen, die Zerstörung, das Inferno werden in das erwachende neue Leben in der japanischen Stadt integriert, zur unauslöschlichen Erinnerung und Mahnung im wiedererrichteten Hiroshima der Nachkriegszeit. Die Erinnerung an den Atombombenabwurf vom 8. August 1945 gilt alljährlich den zahllosen Opfern. Mit dem 1949–1958 errichteten Friedenszentrum und der von Murano und Mon 1953 erbauten Friedenskathedrale wird die Idee des Friedens eindrucksvoll propagiert. Hiroshima ist ein Ort, der den Frieden fordert. Was bleibt, ist auch hier und gerade hier, besonders beeindruckend das Leben, das neu erwacht und dem Schrecken nicht das Feld überlässt. Hiroshima – der Name dieser Stadt ist ein Ruf zur Umkehr.

Das vielleicht eindrücklichste Zeichen für diesen Lebenswillen sind die Kraniche, die einer alten japanischen Legende zufolge in Hiroshima gefaltet werden. Als das zehnjährige japanische Mädchen Sadako Sasaki an den Folgen der radioaktiven Bestrahlung erkrankte, beschloss sie, 1000 Kraniche zu falten. Ihre Überzeugung war, wenn ihr dies gelänge, würde sie wieder gesund werden. Als sie 644 Kraniche gefaltet hatte, starb Sadako. Ihre Schulkameraden haben die fehlenden 356 Kraniche ergänzt. Seither treffen jeden Tag neue Kraniche in Hiroshima ein. Diese Papiervögel symbolisieren die Leichtigkeit der Hoffnung, die Friedensbotschaft, die Unauslöschlichkeit der empfundenen Umkehrmahnung und die Gewissheit des neuen Lebens.

Spuren von Lebensräumen zeigt auch unser Text. Die apokalyptischen Posaunen vernichten und vergiften Vegetation, Meer, Gewässer, Gestirne zu einem Drittel. Niemand verwende hier ein einschränkendes »nur«! Aber ein »aber« und ein »dennoch«: Hier bleibt Lebensraum. Die Apokalypse weiß um Gottes schöpferische Macht, die sich durchsetzt, aus dem Schrecken keimt Heilung, wächst Trost und Erinnerung, aus den Lebensräumen und -spuren, die der Vernichtung entronnen sind, entsteht neues Leben. Das apokalyptische Szenario gehört »in den Rahmen jenes Endzeitgeschehens, in dem sich Gott gegenüber seinen Geschöpfen sichtbar durchsetzt und seine Herrschaft endgültig verwirklicht« (J. Roloff, Die Offenbarung des Johannes, 1984, 96).

Predigtidee

Kraniche gegen das Inferno. Das zarte und fragile, aber machtvolle Leben der Hoffnung und des Friedens behält das Feld gegen die infernalische Zerstörungskraft der Bombe. Gott will das Leben, will Trauer, Trost, Heilung und Versöhnung, will die Umkehr zum Leben.

Predigtthema

Gottes Lebensmacht gegen infernalische Zerstörung

Vorschläge zur Liturgie

Lieder

EG 651 Freunde, dass der Mandelzweig; EG 675 Lass uns den Weg der Gerechtigkeit gehen; EG 678 Wir beten für den Frieden (Regionalteil Rheinland).

Tagesgebet

Gott, an diesem sommerlichen Sonntag
gilt unser Blick der Erinnerung
an das Ende des Krieges im Sommer 1945,
an den Atombombenabwurf über Hiroshima in Japan.
Er forderte zahllose Menschenleben,
zerstörte Lebensgrundlagen brutal und rücksichtslos.
Das Grauen hielt Einzug an einem heißen Sommertag.

Wir suchen uns nicht aus, was uns betrifft,
die Menschen von Hiroshima lebten und planten ihr Leben
wie wir und wurden heimgesucht von Vernichtung
und Schrecken, der zerstörenden Strahlung.
Und doch wächst Leben in Hiroshima, neues Leben
im Geist des Friedens und der Versöhnung.
Die Erinnerung ist aufgehoben in der Gewissheit,
dass kein Leben verloren ist vor dir.

Lass uns die Spuren des Lebens suchen und aufnehmen,
lass uns beitragen zur Versöhnung
und entschieden deinem Willen der Liebe folgen

mit den Menschen von Hiroshima
und den Kindern aus Japan,
die Kraniche der Hoffnung falten
und aus der Erinnerung
die Mahnung schöpfen, dass auch wir Versöhnung
suchen und stiften.

Predigtvorschlag

Möglicher Anfang

Der heutige Sonntag ist mit dem Gedenken an ein Ereignis verbunden, das den grauenhaften Schrecken des Krieges symbolisiert: Am 6. August 1945 zerstörte die erste zu Kriegszwecken eingesetzte Atombombe das japanische Hiroshima. 90.000 Menschen verloren durch diese Bombe ihr Leben, durch die radioaktive Verstrahlung starben bis Ende 1945 50.000 weitere Opfer, unter ihnen viele Kinder. Hiroshima – der Name symbolisiert das Grauen des atomaren Krieges, ähnlich wie Auschwitz als Chiffre für den Holocaust steht. Der Name dieser Stadt löst sofort Assoziationen aus; sie wollen so gar nicht passen zu den sommerlichen Tagen und dem Aufbruch in Urlaub und Sorglosigkeit, den viele von uns gegenwärtig antreten. Aber eben dies gehört auch in unser Leben, dass Unvorstellbares, das Inferno, das Grauen hereinbricht, unerwartet, unerbittlich, ohne sich aufhalten zu lassen von dem, was unser Leben bestimmt und prägt, nach eigenem Gesetz eines namenlosen Schreckens, der keine Gegenwehr ernst zu nehmen braucht. Menschen fragen, wenn dies passiert, nach Gott und nach seinem Willen.
Von einem Schreckensszenario erzählt auch unser Predigttext. Von einer Abfolge von Ereignissen, die nach ihrem eigenen Plan abrollen und Leben und Lebensgrundlagen vernichten. Dieser Text stammt aus der Johannes-Apokalypse. Sie beschreibt eine Abfolge von Ereignissen, die ihr Autor, der Seher Johannes, für das Ende der Weltzeit voraussieht. Sieben himmlische Posaunen werden diesen endzeitlichen Schrecken einleiten, so Johannes; Hören wir, was die ersten vier Posaunen bedeuten.

Lesung des Textes

Gern möchten wir das Grauen, das in unserem Text anklingt, als eine apokalyptische Bilderwelt ansehen, die uns uneigentlich, unwirklich fern bleibt. Wir möchten dieses Szenario aus der Distanz analysieren und erklären in seinen Absichten und Folgen. Aber liest man diesen Predigttext am Hiroshima-Sonntag, so bleibt für eine solche Distanzierung kein Raum. Mitten im modernen 20. Jahrhundert ist das apokalyptische Inferno nicht nur visionäre Möglichkeit, sondern wird mit unvorstellbarer Grausamkeit real. Ist es nicht eine Prophetie auf die atomare Apokalypse, die Leben und Lebensgrundlage vernichtet, wenn es in unserem Predigttext heißt: »Es fiel ein großer Stern vom Himmel, der brannte wie eine Fackel und fiel auf den dritten Teil der Wasserströme und Wasserquellen.«?

Die Parallelen fallen ins Auge und sie berühren uns. Aber der Text aus der Johannes-Apokalypse will aus seinem Zusammenhang verstanden werden und genau betrachtet sein. Deutlich ist: Der Atombombenabwurf auf Hiroshima war kein unabwendbares Schicksal als Teil einer Abfolge von kosmischen Ereignissen, die über Welt und Menschen hereinbrechen. Und er entsprach auch nicht Gottes Willen. Er diente einer Kriegsplanung, die die Atombombe als strategisches Mittel einsetzte, um den Widerstandswillen des japanischen Volkes zu brechen. Gleichwohl lassen sich auch solche Schrecken deuten. Vielleicht sind sie Zeichen des Gerichtes Gottes über alle menschlichen Versuche, Naturkräfte für militärische Vernichtungszwecke einzusetzen. Auch mit Hiroshima ruft Gott Menschen zur Umkehr.

Zum weiteren Verlauf

Das Szenario der Apokalypse hat als Teil eines kosmischen Planes ein anderes Ziel als die Lebensvernichtung. Die apokalyptischen Ereignisse sollen dem Bösen auf Erden den Garaus machen. Sie enden mit der Aussicht auf das himmlische Jerusalem, auf Gottes eigene Zukunft, in der er abwischen wird »alle Tränen von ihren Augen, und der Tod wird nicht mehr sein, noch Leid noch Geschrei noch Schmerz wird mehr sein; denn das Erste ist vergangen«. (Apk 21,4). Diese Hoffnung gilt. Aus den zwei Dritteln unzerstörtem Lebensraum, der dem Schrecken der Apokalypse entrinnt, wächst neues Leben. Und Gott selbst ist der Tröster, der neues Leben in seine Zukunft führt. Auf diese Macht der Hoffnung ausgerichtet zu bleiben als auf das Leben selbst, das Trost gibt und uns leben lässt, ist die Botschaft des Evangeliums. Es ist an uns, dieser Macht zu vertrauen und ihrem Ruf zur Umkehr zu folgen, Versöhnung zu stif-

ten und die Spuren des Lebens aufzunehmen, Kraniche zu falten für Hiroshima.
Dort lassen sich die Spuren des Friedenswillens und der Versöhnung finden. Möglich ist, die Geschichte von Sadako Sasaki zu erzählen und daran den eindrucksvollen Kontrast zwischen der schwebenden fragilen Leichtigkeit der Papierkraniche zu entwickeln, die Hoffnung und ein »Dennoch« setzen gegen die atomare Zerstörungsmacht der Bombe.

Möglicher Schluss

Hiroshima steht für den Schrecken des atomaren Zeitalters, aber auch für eine Mahnung zur Umkehr, die sich ganz und gar der Macht eines Friedens anvertraut, den wir selbst nicht herstellen können. Unsere Gewissheit und unser Vertrauen, unser Leben und Handeln stehen unter eben dieser Macht jenes Gottes, der die Macht der Versöhnung ist und sie durchsetzt. Leichthin und unwiderstehlich wie die schwebende Schönheit von Kranichen im Sommer ergreift uns seine Liebe, die uns zur Umkehr ruft und in Dienst nimmt für seinen Willen.

Symbole und Aktionen

Fingerfertige und kreative Predigerinnen und Prediger können die Kraniche für Hiroshima auch selbst falten. Eine Anleitung nebst der Geschichte von Sadako findet sich im Internet unter http://labbe.de/ideenbank/starke_kinder/sadako/sadako.htm

Tipps zum Text

Gedichte zu Hiroshima finden sich im Internet unter http://seilnacht.tuttlingen.com/Gedichte/Hiroshim.htm

Thematisch eignen sich auch die Friedensgedichte nach einem Vietnam-Besuch von Dorothee Sölle: Ich will nicht auf tausend Messern gehen, München 1985, Seite 58–63

8. Sonntag nach Trinitatis
Das Evangelium nach Matthäus 5,13–16

Marie-Luise Lautenbach, Uwe Laux

Exegetisch-homiletische Skizze

Bei Mt 5,13–16c handelt es sich um zwei ursprünglich selbstständig überlieferte Bildworte (Gnilka), die der Evangelist nach den Seligpreisungen im Anfangsteil der Bergpredigt platziert hat, um die folgende Thematik zu bestimmen. Insofern hat die Perikope für die Bergpredigt eine Schlüsselfunktion.
Die beiden Bildworte beginnen jeweils mit dem Zuspruch »Ihr seid ...« und geben somit die Voraussetzung an, unter der die folgenden Forderungen in Mt 5,17 ff. erst erfüllt werden können (vgl. Gnilka: »Definitionssätze«). Das Verhältnis zwischen den beiden Bildworten einerseits und den folgenden Antithesen andererseits würde demnach der Spannung entsprechen, in der sich christliches Leben immer vollzieht. Es ist die Spannung zwischen dem göttlichen unerfüllbaren Anspruch auf der einen Seite und dem göttlichen Zuspruch auf der anderen Seite (Kant: »Du kannst, weil du sollst ...«).
An diesem Aspekt sollte die Predigt anknüpfen. Die moderne Welt zeichnet durch die permanente gesellschaftliche Überforderung aus: Optionsstress, berufliche und familiäre Mehrfachbelastungen (vor allem bei jungen Frauen zwischen 30 und 40), Perfektionsanspruch der durch die Medien präsentierten Idealvorstellungen.
Die Predigt hätte einerseits die Hörer bei dem gesellschaftlichen (und vielleicht sogar göttlichen) Perfektionsanspruch abzuholen und sie muss ihnen versuchen zu vermitteln, dass sie unter dem Aspekt des Unbedingten (unter Gottes Urteil) immer schon vollkommen sind, ohne dabei eine Vorleistung erbringen zu müssen.
Die Spannung zwischen Anspruch (Überforderung) und Zuspruch findet sich auch innerhalb der beiden Bildworte wieder: »Ihr seid das Salz

der Erde … Werdet bloß nicht schal. Ihr seid das Licht der Welt … stellt euer Licht bloß nicht unter den Scheffel!« Die Symbole Salz und Licht implizieren den Zuspruch. Das Wesen des Salzes ist es eben, salzig zu sein. Es muss sich nicht selbst erst salzig machen. Und das Wesen des Lichtes ist es, dass es leuchtet. Es muss sich nicht erst selbst zum Leuchten bringen. In dem folgenden Predigtvorschlag soll der Schwerpunkt auf dem Zuspruchscharakter der Bildworte liegen und weniger auf deren ethischen Anspruch.

Predigtidee

Den überfordernden Ansprüchen der leistungsorientierten Gesellschaft soll der entlastende Zuspruch Jesu gegenübergestellt werden.

Predigtthema

Christliches Leben zwischen Anspruch (»du sollst sein«) und Zuspruch (»du bist«).

Vorschläge zur Liturgie

Lieder

Tut mir auf die schöne Pforte EG 166; O komm, du Geist der Wahrheit EG 136; O gläubig Herz, gebenedei EG 318; Ins Wasser fällt ein Stein, Regionalteil: Baden Elsass und Lothringen, Pfalz 648; Ihr seid das Volk, das der Herr sich ausersehn, Regionalteil: Bayern-Thüringen 636

Eingangsgebet

Gott,
wir stellen hohe Ansprüche an uns, denn der Hunger nach Anerkennung treibt uns!
Wir hungern dann danach, zu den Großen zu gehören.
Wenn wir uns aber mit ehrlichen Augen betrachten, dann sind wir nur klein.

Wir möchten so gerne stark sein.
Wenn wir uns aber mit ehrlichen Augen ansehen, dann sind wir schwach.
Wir möchten so gerne gut sein.
Wenn wir uns aber mit ehrlichen Augen prüfen, dann bleiben wir weit hinter der Güte zurück.
Die Schere klafft weit
und die Schlange der Selbstlüge lauert:
und sie verführt uns zuweilen dazu:
dass wir uns größer machen, als wir wirklich sind.
Sie verleitet uns dazu,
mehr Stärke vorzutäuschen, als wir Kraft haben.
Sie stiftet uns dazu an:
uns als etwas Besseres hinzustellen, als wir es in Wirklichkeit sind.
Gott,
bewahre uns vor der Schlange der Selbstlüge,
lass uns offen und ehrlich damit umgehen,
dass wir unsere Schwächen haben.
Und sättige du unseren Hunger nach Anerkennung!
Amen.

Fürbitten

Viele Menschen werden mit ihren Ängsten, mit ihrer Verzweiflung und in ihrer Suche nach einem tieferen Sinn ihres Lebens allein gelassen.

Gott, gib uns die Leuchtkraft,
dass wir als Kirche ihnen Licht sind
in den dunkelsten Stunden ihres Lebens.

Arbeitslosigkeit, Armut
und die Gleichgültigkeit von Politik und Gesellschaft
rauben vielen Menschen die Würze ihres Lebens
und den letzten Lebensmut.
Gott, gib, dass wir als Kirche das Salz sind,
das ihnen das Leben wieder schmackhaft macht.

Immer noch werden – sogar in unserer nächsten Umgebung –
Menschenrechte massiv verletzt;
immer noch werden Menschen ganzer Völker und Rassen

brutal unterdrückt und gefoltert,
verschleppt und umgebracht.
Gott, gib, dass wir als Kirche ihr Sprachrohr sind,
das ihre verzweifelten Rufe nach Gerechtigkeit und Freiheit verstärkt.

Auf der Suche nach Orientierung
in der grenzenlos scheinenden Konsum- und Computergesellschaft
verlieren viele – gerade junge – Menschen leicht die Persönlichkeit
und den eigenen Willen, ihre Würde.
Gott, gib, dass wir als Kirche ihnen offen entgegentreten
und ihnen den Weg zeigen, den wir zu bieten haben.

Wir als Kirche, als bekennende Christinnen und Christen,
müssen uns vielen bohrenden Fragen und auch harter Kritik stellen.
Es ist nicht immer leicht, Antworten zu finden
oder sich ständig verteidigen zu müssen.
Gott, gib, dass wir gegen unsere eigenen Ängste und Unsicherheiten
für unsere Überzeugungen geradestehen und den Mund aufmachen.
Auspacken, damit wir nicht einpacken müssen,
weil uns niemand mehr ernst nimmt.

Gott, gib du uns den Mut und den Beistand des Heiligen Geistes,
damit wir auspacken, was wir
als Christinnen und Christen zu bieten haben;
damit wir nicht einpacken müssen,
wenn das Klima um uns herum kalt wird
und uns der raue Wind der Zweifel ins Gesicht weht.
Denn dann wäre dein Wort nicht mehr zu hören in dieser Welt.

Anne Weimann, aus: »Sehen, was wir nicht glauben können – glauben, was wir nicht sehen können«, © Bergmoser + Höller Verlag AG, Aachen

Psalm

Zu Psalm 48

Mitten im traurigen Elend der Erde preisen wir
überschwänglich Gott
Zwischen den Städten der Welt,
erhebt sich die Stadt Gottes, der Ort des Heils.
Sie ist von vollkommener Schönheit,

ein Grund zur Freude für die ganze Welt.
Es ist uns erzählt worden, und wir
werden es sehen:
Gottes Stadt geht niemals unter.
Gott, wenn wir versammelt sind,
erinnern wir uns deiner Gnade.
Überall ist es so, wo Menschen deinen
Namen nennen:
Gerechtigkeit.
So ist Gott. Vor uns, neben uns, mit uns.

Annette Armbrüster, Wolfgang Armbrüster

Zum Abendmahl

So wie aus vielen Körnern
geerntet, gemahlen und gebacken
wird ein runder Laib aus Brot;
so wie frisches Salz würzt,
was wir auslöffeln;
so wie aus vielen Trauben
gelesen, gekeltert und gegoren
wird ein reifer Wein,
Hunger und Durst zu stillen:
So verwandle alle unsre Mühen
in wohltuende Gaben,
du Gott des Lebens.

Friedrich Karl Barth, aus: Beratungsstelle für Gestaltung, Die weiteren Amtshandlungen, Materialheft 53, Frankfurt/M. 1988, Seite 116

Vorschlag zur Predigt

Möglicher Anfang

»Du bist das Salz der Erde!« – »Du bist das Licht der Welt!« – Wer sagt das eigentlich zu uns? Woher dringt der Klang solcher Worte in unsere Ohren?
»Du bist das Salz der Erde!« – Du bist toll. Du bist perfekt. Und wenn du nicht ganz perfekt (ein bisschen schal) bist, so kannst du es doch

werden. Verheißungsvoll klingt das, viel versprechend. Ich fühle mich geschmeichelt. Solche Sprüche höre ich doch gern: Von meinem Chef, von meinem Mann, von meinem Kind. Aber noch andere Stimmen flüstern mir solche Schmeicheleien ins Ohr: »Du bist das Salz der Erde!« »Du könntest das Salz der Erde sein, du könntest perfekt sein. Wenn ...«
Aus den Fernsehwerbespots flüstern die Stimmen, aus Kinofilmen rufen sie. Sie sprechen zu mir und versprechen mir, ich könnte perfekt sein, so schön, so jugendlich, so erfolgreich. In meinen Träumen entsteht ein Vorbild, ein Wunschbild von mir selbst.

Zum weiteren Verlauf

Hier sollte das überfordernde Idealbild des perfekten Menschen konkretisiert werden:
Die perfekte Frau: Sie hat eine makellose, immer braun gebrannte Haut. Sie hat einen tollen, durch Fitness wohl geformten jungen Körper (egal wie alt sie ist). Sie ist sportlich und hat immer eine frische Frisur. Und sie ist natürlich stets top gekleidet.
Sie ist nonstop aktiv, meist berufstätig und dabei natürlich wahnsinnig erfolgreich. Ihren Urlaub verbringt sie freilich an traumhaften Orten (mindestens Karibik oder so). In ihrem Freundeskreis ist sie der Mittelpunkt der Gesellschaft. Ja, sie scheint der Nabel der Welt zu sein.
Und wenn sie Familie hat, dann ist das natürlich eine stets glückliche Familie. Diese Superfrau ist trotz ihres außerordentlichen Engagements im Beruf und ihrer steten Geschäftigkeit die beste Mutti der Welt. Immer ausgeglichen. Nie gestresst und von ihren Kindern nie genervt. Die Hausarbeit scheint sie mit Hilfe von Meister Proper und dem Weißen Riesen mit links zu machen: Vom Badezimmer bis zu den Hemden hält sie alles nicht nur sauber, sondern auch rein.
Man könnte hier endlos weitermachen. Und man könnte freilich ebenso einen perfekten Mann beschreiben.
Liebe Gemeinde, diese Frau gibt es nicht! Aber dennoch lässt die Werbeindustrie nicht locker und redet unablässig auf mich ein: »Du könntest aber das Salz der Erde sein, du könntest perfekt sein, wenn du regelmäßig ins Fitnessstudio gingst, wenn du diese bestimmte Kosmetik benutztest, wenn du all jene Haushaltsprodukte kauftest ...« Manchmal flüstern diese Stimmen nicht nur, sondern reden laut und deutlich. Da-

durch halten sie das Bedürfnis in mir wach, perfekt sein zu wollen. Sie erhalten meinen Hunger danach, aber sie machen mich nicht satt.
Auch wenn ich mich noch so sehr bemühe, wenn ich mich noch so sehr anstrenge, dieses Wunschbild zu erreichen, ich schaffe es nicht. Und wenn ich mich auf die Verheißungen dieser Stimme einlasse, dann werde ich kläglich scheitern. Ich bin nicht perfekt und werde es niemals sein. Eben noch habe ich mir gewünscht, perfekt zu sein und habe den Versprechungen der Werbeindustrie geglaubt. Doch jetzt – jetzt fühle ich mich mit diesem Anspruch überfordert. Ich reiche an das Bild von der perfekten, tollen Frau einfach nicht heran.
Als Kontrast zur verführerischen Stimme der Werbeindustrie sollte im Folgenden die Stimme des Zuspruchs entfaltet werden, die sich als Stimme Jesu erweist:
»Du bist das Salz der Erde!« – »Du bist das Licht der Welt!« – Wenn ich genau hinhöre, klingt da noch eine andere Stimme mit diesen verheißungsvollen Worten. Es sind dieselben Worte, aber die Stimme sagt sie anders. »Du bist es schon. Du musst es nicht erst werden. Du musst dich nicht anstrengen, dich verändern, dich anpassen, Idealbildern nachjagen. Auch wenn du nicht erfolgreich bist im Leben, auch wenn du keine Schönheit bist und auch nicht besonders klug – du bist Salz für die Erde, mit all deinen Schwächen, du bist Licht für die Welt, mit all deinen Makeln.« – Wenn ich die Stimme so höre, mit denselben Worten, aber ohne Perfektionsanspruch, wenn ich die Stimme mit diesem Zuspruch höre, dann höre ich sie im Sinne Jesu.

Möglicher Schluss

Zu oft wird die Stimme des Zuspruchs übertönt von den lauten Rufen der Werbeindustrie. Wodurch könnte sie in unseren Ohren und auch in unseren Herzen deutlicher zum Klingen kommen? Sie könnte durch den Mund von Menschen erklingen. Ich selbst, wir selbst können zum Sprachrohr Gottes werden: Indem wir unsere Mitmenschen spüren lassen, dass wir sie für liebenswert halten: Es sind oft nur die kleinen Anerkennungen und Komplimente, die von Herzen kommen. Das kann eine liebevolle Geste sein: Ein Blumenstrauß, eine herzliche Umarmung, ein Händedruck, ein liebevoller Blick oder auch nur das kleine »Ich hab an dich gedacht«. Solche kleinen Signale können diese göttliche Stimme in unseren Ohren und Herzen zum Klingen bringen: »Du bist mir wertvoll, du bist an sich wertvoll und deine Fehler nehmen nichts von deinem Wert.«

Liebe Gemeinde, vielleicht sollten wir manchmal anderen Menschen gegenüber freigebiger mit unseren Komplimenten sein. Es ihnen öfter einmal sagen, dass wir sie nett finden; vielleicht sollten wir es den anderen öfter mal mitteilen, wenn wir sie mögen oder wenn sie uns sympathisch sind. Das ist ein kleiner Aufwand, den Gott zu seinem Zuspruch machen kann.

Ich glaube, wenn wir das schaffen, dann müssen wir uns nicht mehr auf die verführerische Stimme der Werbeindustrie mit all ihren An- und Überforderungen verlassen, sondern können dieser anderen, liebevollen Stimme Vertrauen schenken; der Stimme, die uns zuspricht: »Du bist das Salz der Erde. Du bist das Licht der Welt. Du bist, so wie du bist, mein geliebtes Geschöpf.«

Kontexte

»Bestreut die Religion nicht mit Zucker, radiert an ihr nicht mit dem Gummi, kleidet nicht in rosarote Lumpen die Engel, die übers Schlachtfeld flattern, verweist die Gläubigen nicht an die Zimbeln der Kommentare – Ich komme ja nicht um Trost zu betteln, wie um einen Teller Suppe – Ich möchte nur endlich mein Haupt aufstützen auf den Stein des Glaubens.«

Jan Twardowski

Redewendungen:

»Er, sie ist das Salz in der Suppe«, »Verliebte versalzen die Suppe«, »eine gesalzene Rechnung präsentieren«, »Salz konserviert«, »Salz reinigt«, »Salz ist lebensnotwendig«.

Wortverbindungen:

Salzmann, Salzkruste, Salzränder, Salzstraße (Salzstraßen waren die alten Verkehrswege, die dem Salztransport von Salzgewinnungsorten in Verbrauchsgebiete dienten. Sie zeugen von der immensen Bedeutung, die das »Gold des Mittelalters« hatte).

9. Sonntag nach Trinitatis
Das Evangelium nach Matthäus 25,14–30

Hansjörg Haag

Exegetisch-homiletische Skizze

1. Nach dem ersten Hören und Lesen des Gleichnisses stießen sich zwei interessierte Kirchenvorsteherinnen aus meinem Kirchspiel daran, dass V. 21 »unverständlicherweise« (!) wie eine »Belobigung« klingt. Kann Jesus Gott als einen Bank-Chef schildern, der seine erfolgreich mit Aktien handelnden Angestellten mit deren Gewinnen belohnt? Dies will gar nicht zu Jesus passen. Genauso wenig die Verurteilung des dritten Knechtes. Sonst hat Jesus doch die Verängstigten ermutigt: »Kommt her zu mir alle, die ihr mühselig und beladen seid; ich will euch erquicken.« (Mt 11,28). Bei vielen Zurückhaltenden, Schüchternen, Resignierten und Depressiven stelle sich freilich (wie beim 3. Knecht) die Frage: »Warum tun die nichts?« Am Ende des Gespräches halte ich fest: Das Schicksal des dritten Knechtes ist für die HörerInnen vom selben Interesse wie die ausschließlich am Nutzen orientierte Einstellung und die Härte des Herrn im Gleichnis.

2. Durch dieses von Matthäus in den sog. Abschiedsreden – und auch, abgewandelt, von Lukas – überlieferte Gleichnis konfrontiert Jesus seine AnhängerInnen mit der »Unmittelbarkeit der sich aufdrängenden Gottesherrschaft, die eine andere als die totale Hingabe nicht zulässt«. (Ch. Kähler, Jesu Gleichnisse als Poesie und Theologie, Tübingen, 1995, Seite 184). Gleichzeitig steht der Ausschluss des dritten Knechts aus der Gottesherrschaft für das »schrecklichste Schicksal eines Menschen: die Gottesferne«. (ebd.) Dies die Ergebnisse einer literarisch-theologisch orientierten Exegese der Perikope. Im Blick auf den dritten Knecht ähnlich: »Jesus erklärt also, dass eine Frömmigkeit, die nur darauf bedacht ist, ja nichts Falsches zu tun, um selber einmal gerecht dazustehen, gerade am

Willen Gottes vorbeigeht.« (E. Schweizer, Das Evangelium nach Matthäus, NTD, Göttingen, 1982, Seite 309). Das Ergebnis einer psychologisierenden Exegese unterscheidet sich davon. In dem Gleichnis Jesu wird ein dramatischer »Appell zur Selbstfindung in Gott bzw. von Gott her« laut. (E. Drewermann, Matthäusevangelium, Olten, 1992, Seite 220). Es geht darum, »das eigene Wesen akzeptieren zu lernen« (ebd., Seite 220), also von Gott her zu sehen – ohne sich mit vergleichenden Maßstäben selbst fertigzumachen: »Mit den Augen Gottes betrachtet, brauchst du nur zu sein, was du bist, nur zu tun, was du kannst, nur zu vollenden, was in dir angelegt ist.« (ebd., Seite 219)
Die ältere Exegese deutete diese Überlieferung als Krisis-Gleichnis, von Jesus zu den religiösen Führern gesprochen, um sie angesichts der kommenden Gottesherrschaft zu befragen, inwieweit sie mit dem Gut des anvertrauten Wortes Gottes im positiven Sinne »gewuchert« haben, (J. Jeremias, Die Gleichnisse Jesu, Göttingen, 1970, Seite 59). Die Urkirche dann deutete das Gleichnis christologisch als Mahnung, »über dem Ausbleiben der Parusie nicht lässig zu werden«. (ebd., Seite 60)
Ein weiter Bogen von Auslegungen also: eine »wirklich spannende Geschichte, die kaum einen Zuhörer unberührt lässt«. (Ch. Kollath, Gottesdienstpraxis Serie A, I/3, 1997, Seite 103).

3. Ich greife viel vom Gelesenen dankbar auf. Ich stimme zu: Der springende Punkt von Mt 25,14–30 ist nicht monetär, sondern anthropologisch. Die Absicht ist: Die Talente, das Vermögen – beides ist semantisch doppeldeutig –, was wir Menschen haben, die von Gott mitgegebenen Fähigkeiten und Begabungen sollen im Blick auf das Kommen der Herrschaft Gottes eingesetzt, entwickelt und vermehrt werden ... Mit dem Ziel, als Nachfolgerinnen und Nachfolger Jesu schon jetzt Liebe, Gerechtigkeit, Versöhnung, Frieden, Vergebung, also die kommende Herrschaft Gottes auf der Erde vorzubereiten, wenn nicht sogar herbeizuführen.
Sowohl die Angst des dritten Knechtes, als auch die Konsequenz des Herrn unterstreichen, wie sehr es Jesu Gott auf den Einsatz der Talente und deren Anwendung im Leben abgesehen hat. Infolge dieser Einschätzung betrachte ich V. 28–30 als spätere Zusätze.
Die Schilderung der Furcht und der daraus abgeleiteten Untätigkeit des dritten Knechtes (V. 24,25) und die vorwurfsvolle Haltung des Herrn

(V. 26,27) korrespondieren einander nicht. Der Knecht zeigt den Menschen, der nicht aus seinem unselbstständigen und abhängigen Re-Aktionsmustern herauskommt. Er projiziert seinen Mangel an Handlungs- und Verantwortungsbereitschaft als Ängste auf den Herrn. Dem entspricht der Herr aber nicht. Gott ist zwar nicht als liebender Vater, aber doch als fairer und konsequenter Pädagoge vorgestellt. Mit seinen Erwartungen und Konsequenzen verfolgt er bewusst seine Ziele: Mit der Frage (V. 26 cd) macht er dem Knecht klar, dass der seine Erwartungen gekannt habe. Dann zeigt er ihm die minimale Lösung für die gestellte Aufgabe und ebenfalls seinen persönlich nun erlittenen Verlust. Eigentlich bleibt die Reaktion des Herrn – bis hierhin – dem Knecht gegenüber durchaus fair. V. 28–30 lassen hingegen ein Furcht erweckendes Gottesbild erkennen und demonstrieren die hoch paränetische Intention der Verfasser.

4. So ist es mir wichtig, den ZuhörernInnen 1. die Handlungsweise der beiden ersten Knechte als sinnvollen Einsatz persönlichen Vermögens, also persönlicher Gaben darzustellen und die Handlungsweise des dritten Knechtes in ihrer Selbstverurteilung zu erläutern, 2. den Gott Jesu als konsequent liebenden Gott zu verkündigen, dessen Liebe konkrete Erwartungen und auch Emotionen impliziert und 3. das ganz andere Gottesbild von V. 28–30 als redaktionelle Bearbeitung zu erklären.
Ich entdecke einen neuen Zugang zum Verhalten der Knechte, das positive in V. 19–23 (das Jesus konditioniert) und das negative in V. 24,25 (vor dem Jesus warnt), nachdem ich Nelson Mandelas Ermutigung, die in uns liegende Herrlichkeit Gottes auf die Welt zu bringen, auf dieses Gleichnis beziehe (vgl. Zitat aus Mandelas Antrittsrede 1994 unter Kontexte). Die Intention des Textes ist –, im damaligen historischen und politischen Kontext von Unterdrückung und Befreiung – Mut zu machen, die eigenen positiven Potenziale zu entwickeln (ähnlich wie Drewermann). Diesen Ansatz will ich dem Konzept meiner Predigt zugrunde legen.

Predigtidee

»Erkenne deine positiven Potenziale – und setze sie ein für das Vorbereiten und Kommen des Reiches Gottes!«

Predigtthema

Das Erkennen und Entwickeln der durch die Kindschaft von Gott uns anvertrauten Gaben

Vorschläge zur Liturgie

Lieder

Eingangslied: EG 494 In Gottes Namen fang ich an; Lied vor der Predigt: EG 320 Nun lasst uns Gott dem Herren oder EG 497 Ich weiß, mein Gott, dass all mein Tun (Wochenlied); Lied nach der Predigt: EG 614 Lass uns in deinem Namen, Herr (Anhang EKKW); Schlusslied: EG 171 Bewahre uns, Gott

Psalm

Psalm 40,9–12 (für diesen Sonntag auch vorgesehen)

Kyrie

Mit guten Vorsätzen fangen wir vieles an
und dann erstickt unsere Ungeduld unsere Ausdauer,
dann erschlägt unsere Voreiligkeit unsere Geduld,
dann verklagen unsere Vorurteile unsere Nächsten,
dann verkümmert unsere Liebe,
verdorrt unsere Barmherzigkeit,
schwindet unsere Bereitschaft zum Frieden.
Gott, erbarme dich.

Lobpreis

Jesus ruft uns – immer neu, umzukehren.
Er schenkt Neuanfänge,
hilft aus Ängsten und gibt Kraft,
mit allen anderen hoffnungsvoll und vertrauensvoll zu leben.
Denn er ist das Licht der Welt.
Wer ihm nachfolgt, wird nicht im Finstern wandeln.

Lesung

1 Kor 12 i. A., 1 Petr 4,10 f.

Fürbitten

Gott.
Wir danken dir für all die Gaben und Begabungen, für all die Talente, die du uns mitgegeben hast.
Und bitten dich:
Hilf uns,
herauszutreten aus unserem Kleinmut
und frei zu werden,
unsere Fähigkeiten zu fördern und einzusetzen.
Wir bitten dich
für die Zurückhaltenden,
dass sie in sich Kraft zur Offenheit und zur Spontaneität verspüren.
Für die Starken,
dass sie ihre Talente für die Stärkung der Schwachen dadurch einsetzen.
Für die Verzweifelten,
dass sie den kleinen Funken ihrer Hoffnung wieder anstecken lassen.
Für die Fröhlichen,
dass sie ihre Fähigkeit, Mitleid zu empfinden, nicht übergehen.
Für die Ängstlichen,
dass sie Mut und Selbstbewusstsein entwickeln.
Für die Entschlusskräftigen,
dass sie mit ihrer Aktivität auch die Gehemmten mitnehmen.
Für die Kranken,
dass sie die Kräfte zum Heilen nicht unterschätzen.
Für die Gesunden,
dass sie die Leidenden ermutigen.
Für die Gedemütigten,
dass sie ihre Rechte erkennen und einfordern.
Für die Mächtigen,
dass sie das Maß behalten für das, was gut und billig ist.
Gott, hilf uns zu glauben,
dass wir unser Leben nicht verfehlen.

Vorschlag zur Predigt

Möglicher Anfang

Der begnadete Musiker Pablo Casals schreibt:
»Ich sehe nichts Besonderes in der Tatsache, dass ich im Alter von elf Jahren Künstler war. Ich hatte angeborenes Talent und Musik im Leibe, das ist alles. Mein persönliches Verdienst ist es nicht. Das Einzige, dessen wir uns rühmen dürfen, ist ja nicht unser Talent, sondern was wir daraus machen. Darum dringe ich bei jungen Musikern auch immer darauf: »Bildet euch ja nichts ein auf euer Talent! Dafür könnt ihr nichts; nur was ihr daraus macht, zählt. Talent ist eine Gottesgabe, haltet sie in Ehren, anstatt sie in den Schmutz zu ziehen oder zu verschleudern. Arbeitet – arbeitet unermüdlich an diesem eurem Talent, hegt es und pflegt es!« Natürlich ist die Gabe, die wir vor allem in Ehren halten müssen, das Leben selber. Unsere Arbeit soll nichts anderes sein als eine Huldigung an das Leben.« (abgedruckt in: H. Vincon, Spuren des Wortes Gottes, Biblische Stoffe ..., Stuttgart, 1988, Seite 252)

Meine Talente erkennen oder erkennen lassen. Meine Begabungen nicht verkümmern lassen, sondern mir bewusst machen, hervorholen und entwickeln, sie pflegen und hegen, sie regelrecht üben, nutzen und Gewinn bringend einsetzen. Dazu ermuntert Pablo Casals. Dazu ermuntert auch Jesus seine ZuhörerInnen, also auch uns. Mit diesem eindrücklichen und auch anstößigen Gleichnis. Wir dürfen so die Gottesherrschaft mit vorbereiten.

Mit vielen Therapeutinnen und Psychologen stimmt Jesus darin überein: Jede und jeder von uns hat seine Begabungen und Fähigkeiten. Jede und jeder hat Vermögen zu etwas. Dabei drückt der Begriff Talente im Gleichnis gut die Doppelsinnigkeit dessen aus, was gemeint ist. Jesus lenkt unseren Blick auf das anvertraute Vermögen, das die Knechte in unterschiedlicher Weise vermehren – oder eben nicht. Und ! – er meint im übertragenen Sinne unsere Talente, unser Vermögen, unsere persönlichen Fähigkeiten. Die sollen wir einsetzen, um das Reich Gottes in unserem Alltag jetzt schon herbeizuführen.

Den Garten zu einem Blütenmeer machen. Bäume veredeln. Karten- oder Brettspiele mit Kindern spielen. Alten Geschichten erzählen. Bedrückten zuhören. In der Nachbarschaft kranke oder pflegebedürftige

Menschen aufsuchen. Anderen Mut machen. Einen soliden Überblick in einem bestimmten Fachgebiet haben und daran andere profitieren lassen. Geschickt Verhandlungen führen. Ein Fest organisieren. Menschen zusammenführen. Seinen Glauben bekennen.
Jede und jeder hat Talente. Sie zu erkennen und zu nutzen, darauf zielt Jesus ab.
Gerade die vorsichtigen, zurückhaltenden und schüchternen Charaktere unter uns sollten sich von Jesus ansprechen lassen, ihre Talente und ihre persönlichen Fähigkeiten zu erkennen und dann auch einzusetzen und anzuwenden.

Zum weiteren Verlauf

Aufforderung, das schon eingangs ausgeteilte Blatt (vgl. unter Gestaltungsidee) zur Hand zu nehmen und in einem Augenblick der Stille die eigenen persönlichen Begabungen und Talente aufzuschreiben, die der Botschaft Jesu vom Kommen des Reiches Gottes entsprechen.
Überleitung: Durch das Einbringen der persönlichen Fähigkeiten in das Leben – auch der Kirchengemeinde – wird die Nähe der Gottesherrschaft umso spürbarer. (Vgl. 1 Kor 12,1–11, aber auch dann V. 12–27)
Der Text von Nelson Mandela unterstreicht diese Intention mit einem anderen Akzent: Wir alle als Kinder Gottes sind ermutigt, unser Licht leuchten zu lassen. (Vgl. Mt 5,14–19)
Dann: Die Ängste vor dem Herrn – auf Grund seines falschen Bildes vom Herrn – haben den dritten Knecht veranlasst, sein Talent zu vergraben. Aber der Gott Jesu ist kein abstrafender Despot, sondern ein konsequenter Pädagoge der Liebe. Anstatt einer Projektion (wie beim dritten Knecht) analysiert Mandela scharfsichtiger: »Unsere tiefste Angst ist es, ungenügend zu sein.« Und – »Jesus hat sich immer wieder von den Ängsten der Menschen anrühren lassen, denen er begegnete.« (A. Pompetzki, 9. Sonntag n. Tr., in: Calwer Predigthilfe, Reihe I/2, Stuttgart, 1996/97, Seite 103–110) Verweis auf Matthäus 11,28 und auf Jesu Barmherzigkeit in vielen anderen Überlieferungen.
Das alles gehört in den großen Zusammenhang des Glaubens, den Jesus uns geschenkt hat: Ziel der Talente ist immer der Gewinn bringende Einsatz von Liebe und Barmherzigkeit (so auch Pompetzki, ebd.), von Versöhnungs- und Vergebungsbereitschaft, von Friedenssuche und Ermutigung zur Hoffnung.

Möglicher Schluss

Im Übrigen ist dieses Gleichnis ein Lehrstück dafür, wie der Glaube unsere Sicht des Lebens und der Welt prägt. Die ersten Christen haben sich Jesu vertrauensvolle Vorstellung von Gott nicht zu Eigen machen können. Sie sahen in ihm den gnadenlosen Herrn (einer quantifizierenden Gerechtigkeit, nicht einer qualitativen), der sein Eigentum und seinen Gewinn einklagt. Daraus konnte nur dieser uns ängstigende und abschreckende Schluss der Rede des Herrn entstehen. (V. 28–30) Vollkommen unbarmherzig nimmt der Herr dem eingeschüchterten dritten Knecht alles, was er hatte, und verstößt ihn schlussendlich sogar noch in die ewige Verdammnis. Ein Gott der lieblosen und erbarmungslosen Willkür, der Furcht weckt und bestraft.
Wie gut, dass wir vorhin, am Anfang im Gleichnis und in vielen anderen Worten Jesu immer wieder von dem wahrhaft liebenden Gott Jesu hören: vom Liebhaber des Lebens, von dem Parteigänger der Kleinen, vom geschickten Förderer der Untalentierten, vom Schöpfer und Vollender des Lebens. Er (!) macht uns Hoffnung, das Leben trotz unserer Angst zu leben. Er stärkt uns, unseren manchmal so klein anmutenden und schwach ausgebildeten Fähigkeiten zu trauen. Im Vertrauen auf ihn werden wir groß und stark. Und lassen wir unser Licht leuchten. Erstrahlt vom hellen Licht Jesu. Seine fantasievolle Liebe zu uns überrascht gerade in dem heutigen Predigttext und tut einfach gut.

Gestaltungsidee

Als anschauliches Medium und gleichzeitig meditatives Moment teile ich einen Zettel (Kopie mit Aufdruck »Aktie – Potenziale von N. N.«) und Stifte aus. Zwei Minuten Stille, um aufzuschreiben, welche positiven Fähigkeiten, die die Ziele Jesu unterstützen, die Anwesenden an sich kennen und in der nächsten Zeit entwickeln wollen.

Kontexte

»Unsere tiefste Angst ist es nicht, ungenügend zu sein.
Unsere tiefste Angst ist es, dass wir über die Maßen kraftvoll sind.
Es ist unser Licht, nicht unsere Dunkelheit, das am meisten Angst macht.

Wir fragen uns selbst, wer bin ich – von mir zu glauben, dass ich brillant, großartig, begabt und einzigartig bin.
Aber in Wirklichkeit – warum solltest du es nicht sein?
Du bist ein Kind Gottes.
Dein Kleinmachen dient nicht der Welt.
Es zeugt nicht von Erleuchtung, sich zurückzunehmen,
nur damit sich andere Menschen um dich herum nicht verunsichert fühlen.
Wir wurden geboren, um die Herrlichkeit Gottes,
die in uns liegt, auf die Welt zu bringen.
Sie ist nicht nur in einigen von uns, sie ist in jedem!
Und indem wir unser eigenes Licht scheinen lassen,
geben wir anderen Menschen unbewusst die Erlaubnis, das Gleiche zu tun.
Wenn wir von unserer eigenen Angst befreit sind,
befreit unser Dasein automatisch die anderen.

N. Mandela, Antrittsrede, 1994; gefunden, ohne Quellenangabe

(Ein weiteres Mal, weil einfach gut:)
Vor dem Ende sprach Rabbi Sussja: »In der kommenden Welt wird man mich nicht fragen: ›Warum bist du nicht Mose gewesen?‹ Man wird mich fragen: ›Warum bist du nicht Sussja gewesen?‹«

M. Buber, Die Erzählungen der Chassidim, Zürich 1949, Seite 394

Tipp zum Text

Nicht nur für Kinder, aber für sie besonders geeignet ist L. Lionni, Frederick, München 1967. Die Maus Frederick hat ihr spezielles Talent: Sie sammelt nicht wie andere Mäuse essbare Vorräte für den Winter, sondern sie sammelt Eindrücke, mit denen sie dann dank ihrer großen Erzählkunst in der kalten und farblosen Winterzeit die Herzen der anderen Mäuse erwärmt und erfreut. Also: ein Talent, das, zuerst unerkannt, dann aber umso wirkungsvoller zum Zug kommt.

Gründung des Ökumenischen Rates der Kirchen 23. August
Das Evangelium nach Johannes 14,1-7

Reinhard Kirste

Exegetisch-homiletische Skizze

Im ersten Teil des Kapitels 17 wird das Fortgehen Jesu thematisiert (vgl. Joh 13,33–36), das zuerst direkt mit dem Glauben und dann mit dem Lieben verbunden ist. Dieses Fortgehen Jesu hat eine doppelte Funktion: Zum einen bereitet Jesus die Wohnung für seine Anhänger vor, d. h. also für die christliche Gemeinde, zum anderen ist sie Voraussetzung für sein Wiederkommen. Dies alles wird von Jesus her in einem ausgesprochen positiven Licht gesehen. Dem stehen die kontrapunktischen Reaktionen der Jünger, besonders die des Thomas und des Philippus, gegenüber.

Allerdings geht es hier nicht um eine Vertröstung auf das Jenseits, sondern um die Zusage der bleibenden Gegenwart des göttlichen Heils, das sich in Jesus als »Weg und Wahrheit« manifestiert (in diesem Sinne spricht Bultmann in seinem Kommentar zum Johannes-Evangelium nicht von Offenbarung, sondern ganz bewusst immer wieder vom »Offenbarer«). Weil es nicht um Vertröstung, sondern um Trost geht, beginnt die Rede Jesu mit ermutigenden Worten: »Euer Herz braucht sich nicht zu erschrecken« (V. 1). Das Fortgehen und die Abwesenheit Jesu bedeuten keine Absage an die Jünger. Allerdings wird die Verbindung zu Jesus, die gleichzeitig die Verbindung zu Gott darstellt, anders sein, als sich dies fromme Nachfolgerinnen und Nachfolger vorstellen. Das gilt erstaunlicherweise auch für die, die es eigentlich besser wissen müssten (»Solange bin ich bei euch, und du kennst mich nicht, Philippus?«).

Parallel dazu ist die Frage des Thomas zu sehen, die Frage nach dem Weg, der eigentlich klar vor Augen liegen müsste, aber mit dem Sehen haben die Jünger Probleme (V. 9): »Wie sprichst du dann, zeige uns den Vater?«.

Die Zusammengehörigkeit des Abschnitts V. 1–14 ist offensichtlich. Um ihn nicht zu zerreißen, habe ich dies auch für die Predigt berücksichtigt, insbesondere, weil die Fragen des Thomas und des Philippus parallel konstruiert sind, um die »Sache Jesu« (Jesus als Weg und Wahrheit) und den Erkenntniszugang (»Wer mich sieht, sieht den Vater«, V. 9) zu beschreiben. So steht im Gesamtabschnitt Glauben gleichzeitig in unmittelbarer Verbindung zur Wahrheit, während ab V. 15 Liebe als Maßstab für den Weg zu sehen ist.

Die Fragen der beiden Jünger scheinen nur auf den ersten Blick ungewöhnlich zu sein. Die »typischen« Missverständnisse bei Johannes liegen in diesem Falle zum einen (bei Thomas) darin, dass der Weg Jesu für den Außenstehenden keineswegs klar ersichtlich ist, denn auch der im inneren Jüngerkreise Stehende bleibt »außen vor«: Was sich für Jesus zu realisieren beginnt, steht den Jüngern erst noch bevor.

Das zweite Missverständnis kann trotz der »Beschneidung« der Perikope für die Predigt nicht ausgeklammert werden: Die Identifikation Jesu mit dem Vater ist keineswegs eine von vornherein einsehbare und logisch klare; sie hat mit dem Geheimnis des Göttlichen zu tun; sie ist erst dabei, sich zu realisieren (V. 9,10). Um es banal zu sagen: Hinterher kann man (auch im Glauben) klüger sein, als es die Gemeinde des Johannes ca. 70 Jahre nach Jesu Tod mit Hilfe der beiden Jüngerfragen für sich zu beantworten suchte.

Immerhin aber ist die Zielprojektion klar (V. 12): Da die Nachfolgerinnen und Nachfolger Jesu noch Größeres vollbringen werden als er selbst, zielt alles auf die Einheit der Menschen mit Gott hin, die über die Person Jesu als des Offenbarers (um es wieder mit Bultmann zu sagen) verwirklicht wird.

Nun macht aber dieser Abschnitt nicht nur historisch Probleme. Mit 14,6 scheint ein die christliche Identität sicherndes Merkmal auf ewig festgeschrieben zu sein. Jesus spricht zu Thomas: »Ich bin der Weg und die Wahrheit und das Leben, niemand kommt zum Vater, denn durch mich.« Jesus scheint damit der alleinige und einzige Heilsvermittler zu sein, eine Auslegung, die ganze Generationen von Christinnen und Christen in ihrem Missionseifer, ihren Absolutheitsansprüchen und ihrer Abwertung anderer Glaubensanschauungen bestärkt hat.

Nun gibt es allerdings ausgerechnet zuvor in V. 2 den Hinweis desselben Jesus: »In meines Vaters Hause sind viele Wohnungen. Wenn's nicht so wäre, hätte ich dann zu euch gesagt: Ich gehe hin, euch die Stätte zu bereiten?«

Hier wird offensichtlich eine Vielfalt proklamiert, die nicht Angst auslösen, sondern Freude bereiten soll. Die Sache mit den »vielen Wohnungen«, also die Pluralität der vielen bei Gott ist also Voraussetzung eines auf Jesus sich einlassenden Glaubens.
In diesem Zusammenhang bekommt das berühmte Nachtgespräch zwischen Jesus und Nikodemus in Johannes 3 eine besondere – auch diesen Text erhellende – Bedeutung. Dort ermahnt Jesus den Pharisäer Nikodemus: »Wundere dich nicht, dass ich gesagt habe: Ihr müsst von neuem geboren werden. Der Wind bläst, wo er will, und du hörst sein Sausen wohl, aber du weißt nicht, woher er kommt und wohin er fährt. So ist es bei jedem, der aus dem Geist geboren ist« (Joh 3,7–8). Das heißt doch nichts anderes, als dass nur verwandelte Menschen und dann in einer neuen und nicht traditionellen dogmatischen Weise Jesus als den Weg und die Wahrheit im Blick auf das Geheimnis Gottes »sehen« können (»Wer mich sieht, sieht den Vater«, V. 9).

Predigtidee

Der 23. August 1948, Gründungstag des Ökumenischen Rates der Kirchen in Amsterdam, bedeutete einen überkonfessionellen Aufbruch, bei dem sich protestantische, anglikanische, orthodoxe und altkatholische Kirchen damals zum ÖRK zusammenschlossen: Beginn eines neuen Weges, dessen Ziel die Einheit der Christen sein könnte. Die Verbindung mit Johannes 14,1–7 (14) ist für mich darum eine Ermutigung, die Grenzen der eigenen Glaubenstradition zu überschreiten und darin eine indirekte Aufforderung zu sehen, von der Ökumene der Konfessionen zur Ökumene der Religionen zu kommen. Jeder Einzelne kann dazu die ersten Schritte wagen, denn es gilt die Zusage, dass vielen Glaubensrichtungen im göttlichen Haus eine Wohnung bereitet ist (V. 2), m. a. W. der Himmel offensteht.

Predigtthema

Identitäts-Erweiterung

Vorschläge zur Liturgie

Eingangsvotum

Wir beginnen diesen Gottesdienst im Namen des Vaters, der mit seiner Schöpfung alle Grenzen überschreitet und das Universum schafft. Wir beginnen diesen Gottesdienst im Namen des Sohnes, mit dem Gott seine Menschlichkeit und Menschennähe betont. Wir beginnnen diesen Gottesdienst im Namen des Geistes, der aufrüttelt, der unsere Möglichkeiten weiten will und der uns zu die Energien gibt, den Weg der Wahrhaftigkeit zu gehen.

Fürbitten

Barmherziger Gott, du hast deinen Geist zur Ermutigung und zur Tröstung gesandt. Wir bitten dich für Menschen wie Thomas: Würdige die Neugierde, den Zweifel und die kritischen Nachfragen, mit der sie radikal nach Erkenntnis suchen und sich nicht mit billigen Antworten abspeisen lassen.
Wir bitten dich für die Menschen wie Philippus, die nicht blind alles glauben, was man ihnen vorerzählt, und die die Welt nicht so akzeptieren wollen, wie sie ist, sondern die sich Visionen der Hoffnung im Herzen bewahrt haben.
Wir bitten dich für Menschen wie Nikodemus, die bei aller dogmatischen Rechthaberei und Selbstverständlichkeit sich ein Gespür für notwendige Veränderungen bewahrt haben. Gib ihnen den Mut, aus dem Schatten ihrer Ängstlichkeit herauszutreten.
Gib uns allen den Mut deines Heiligen Geistes, Wege zu gehen, die den eigenen, oft engen Glaubensrahmen übersteigen, damit wir Gottes Fülle auch in der Weite der anderen Religionen und Traditionen entdecken.

Segen

Mögen Zeichen an der Straße deines Lebens sein, die dir sagen, wohin du auf dem Wege bist. Mögest du die Kraft haben, die Richtung zu ändern, wenn du die alte Straße nicht mehr gehen kannst.

Aus: Hermann Multhaupt: Irische Weisheiten und Segenssprüche. Gütersloher Verlagshaus 2001, Seite 67

Lieder

EG 128, EG 140, EG 648 (Westfälischer Regionalteil): Wir haben Gottes Spuren festgestellt, EG 669 (ebd.): Herr, gib mir den Mut zum Brückenbauen ...

Vorschlag zur Predigt

Möglicher Anfang

In der asiatischen Tradition gibt es in mannigfachen Variationen das Bild von den Wandernden, die auf verschiedenen Wegen einen Berg besteigen. Der Berg ist in Wolken gehüllt. Die Wege sind unterschiedlich schwierig, mal geht es hinauf und manchmal, obwohl man beim Aufstieg ist, auch eine Strecke wieder hinunter. Da tun sich unerwartete Klüfte auf, die das schon fast erreichte Etappenziel wieder in weite Ferne rücken. Alle Wanderer jedoch sind auf dem Weg nach oben, das in Dunkel gehüllt ist – und dennoch ahnen, ja wissen sie, dass dies für sie der einzige Weg, die Wahrheit und das Leben ist.

In dieser Weise lassen sich auch die Religionen beschreiben, die unterschiedliche Wege zum Heil, zum entscheidenden Lebenssinn bedeuten: Unterschiedliche Schwierigkeitsgrade, Umwege und Verirrungen inbegriffen.

Zum weiteren Verlauf

Auf der Wanderung jedoch gibt es Orientierungspunkte: Glauben, dass es der richtige Weg ist, zumal er wirklich nach »oben« geht, das lässt sich am praktischen Handeln »sehen«, am Lieben und dem Halten der Gebote. Sie sind die in Orientierungshilfe und Wegzehrung gegossene Energie des Heiligen Geistes für die anstrengenden Steigungen, die der Weg in sich hat.

Aber es bleiben Schwierigkeiten, die die Wanderer miteinander haben, zumal sie noch nicht am Ziel sind. Manchmal steht der eine höher als der andere und kann dann gar auf die anderen da unten herunterschauen, oder anders gesagt: Wie ist das mit den Hoffnungen der anderen, nicht zur eigenen Wandergruppe, zur eigenen Gemeinde Gehörigen, die andere Wanderschuhe haben, in ihren Trinkflaschen und Rucksäcken andere Getränke und Nahrung? Sind die da neben uns oder gar unter

uns nicht völlig falsch ausgerüstet, haben sie richtig trainiert? Haben sie überhaupt die richtigen Brillen gegen die Sonne auf, haben sie vielleicht sogar den Helm gegen Steinschlag vergessen?
Machen wir uns vielleicht nur deshalb um die anderen Sorgen, weil wir uns für die besseren Wanderer halten, die den richtigen Kompass haben? Liegt darin unter Umständen unser Bekehrungs- und Missionseifer? Aber kommt es wirklich darauf an, wer die teurere Ausrüstung hat? Kommt es darauf an, bei welcher Firma man den Kompass gekauft hat? Nein, man/frau braucht einen funktionierenden Kompass und man/frau muss ihn auch lesen können.
Wir merken angesichts dieses Bildes sehr schnell, dass diese Jesusrede nicht irgendeine damalige Situation aufnimmt, sondern uns an die Grundfragen unserer Lebensreise erinnert. Mir scheint es darum eher hinderlich zu sein, wenn wir aus unserem Predigtabschnitt originale Jesusworte heraushören wollen, die man von jedem Zeitbezug abkoppeln kann. Hier geht es doch darum, die Unverfügbarkeit des Geistes ernst zu nehmen. Der Nachweis einer wahren von Gott geprägten Identität setzt eine Offenheit voraus, die vorgegebene Grenzen überschreitet. Das ist 1948 durch die Gründung des ÖRK noch im konfessionellen Rahmen geschehen (hier kann jetzt noch mehr zum Weltrat der Kirchen gesagt werden).
Vielleicht aber sind die Kirchen eher der Nikodemus-Typ. Viele in den Kirchen wissen, dass konfessionelle und religiöse Grenzziehungen nicht dem Frieden und der Versöhnung dienen, sondern oft genug neuen Streit provozieren. In vielen kirchlichen Äußerungen lässt sich die Angst vor der eigenen Courage entdecken. Man weiß um die Wichtigkeit der Grenzüberschreitungen zu anderen Religionen hin. Die Schritte sind aber eher Tippelschritte oder geschehen in der Dunkelheit von Expertentagungen, so wie auch Nikodemus Jesus bei der Nacht aufsuchte, um nicht von den eigenen Pharisäerkollegen als ein Glaubensabweichler denunziert zu werden. Aber immerhin. Nikodemus wagt, die offenen Fragen jemandem zu stellen, der mehr am Rande der organisierten Religion steht. Er ahnt: Nur wer das andere sucht, das oft genug das Fremde ist, findet das Eigene.

Möglicher Schluss

So entsteht im Blick auf eine pluralistische Weltsituation die Herausforderung für Christinnen und Christen, die Vielfalt der Kulturen und

Religionen als positive Möglichkeit zu entdecken. Und Begegnungen dieser Art verändern. Sie belässt mich als Christen, aber nach der Begegnung bin ich ein anderer – und doch Christ, ergänzt durch den anderen.

In der Offenheit, die der Heilige Geist nach dem Johannesevangelium symbolisiert und die sich in der Person Jesu realisiert (aber offensichtlich keineswegs in ihm allein konzentriert), spricht sich Weisheit aus. Diese Sophia, dieser Heilige Geist ermutigt und tröstet. Er schenkt uns eine Identität, die weder ein Gang in die Beliebigkeit ist, noch ein Beharren auf festgefahrene Traditionen. Jesus sagt nicht umsonst: »Denn wenn ich nicht weggehe, kommt der Tröster nicht zu euch. Wenn ich aber gehe, will ich ihn zu euch senden« (Joh 16,7–8). Der Heilige Geist dient also zur Identitätsstärkung der verlassenen Jünger, allerdings nur so, dass wir Jesus nicht wie einen Besitz haben, sondern als Weg, der noch manche Überraschungen bietet. Denn die eine Wahrheit hat viele durch unsere Welt wehende Wohlgerüche: jüdische, christliche, islamische, buddhistische, indianische ...

Hier könnte sich eine praktische Übung anschließen:

Symbol-Aktion

Im Gottesdienst erhält jeder ein Labyrinth auf einem Blatt, das man mit einem bereitgelegten Bleistift nachzeichnen kann. Obwohl der Weg des Labyrinths »fest« liegt, ist die Überraschung immer wieder groß, wenn man/frau entdeckt, dass kurz vor dem Ziel der Weg wiederum in die entgegengesetzte Richtung führt.

Werke tun.

Was also macht die Identität der Christen aus? Versuchen wir es doch einmal mit einem Lexikon: Dort heißt es, dass das Wort Identitätsnachweis ursprünglich aus dem Zollwesen kommt und den Nachweis bezeichnet, dass Waren, die mehrmals die Grenze überschreiten (z. B. durch Bearbeitung und Veredlung), dieselben geblieben sind. Man höre und staune: Identität ist nicht ein für alle Mal dieselbe: Der christliche Standpunkt fängt an zu wandern, er wird ein Gehpunkt, der sich – wie das Labyrinth zeigt – keineswegs in einer durchgehenden Linie, sondern labyrinthartig zeigt: hin und her, von rechts nach links, von unten nach oben und umgekehrt.

Um also wahrhaft Christ oder Christin zu sein, sind nach diesem Verständnis christlicher Identität offensichtlich Grenzüberschreitungen nötig. Im anderen Fall wäre Christsein etwas Statisches, Unveränderliches, also letztlich Erstarrtes und Totes. Das Lebendige ist jedoch der Veränderung unterworfen. Aber gerade manche Fromme beäugen viele Veränderungen mit großem Misstrauen und wittern in jeder Aktualisierung und Revision des eigenen Glaubensverständnisses gleich eine Ketzerei.

Aber das bleibt das Risiko der Grenzgänger, die wagen, über den eigenen Tellerrand zu blicken, mehr noch, hinauszugehen, um sich auf Grund religiöser Vielfalt für den eigenen Glauben erweitern und bereichern zu lassen. Dazu brauchen wir die anderen Religionen, mehr noch, wir können unser Christsein authentisch ohne sie gar nicht leben. Um es mit Johannes zu sagen: Ohne die anderen würden wir die vielen von Gott bereiteten Wohnungen aus dem Auge verlieren. Und das wäre doch zu schade!

Kontext

Gebet

Großer Geist, dessen Stimme ich in den Winden vernehme und dessen Atem der ganzen Welt Leben spendet, erhöre mich! Ich trete vor dein Angesicht als eines deiner vielen Kinder. Siehe, ich bin klein und schwach; ich brauche deine Kraft und Weisheit. Lass mich in Schönheit wandeln und meine Augen immer den purpurroten Sonnenuntergang schauen. Mögen meine Hände die Dinge achten, die du geschaffen hast, und meine Ohren deine Stimme hören! Mache mich weise, damit ich die Dinge erkennen kann, die du mein Volk gelehrt hast, die Lehre, die du jedem Blatt und jedem Felsen verborgen hast. Ich sehne mich nach Kraft, nicht um meinen Brüdern überlegen zu sein, sondern um meinen größten Feind – mich selbst – bekämpfen zu können. Mache mich stets bereit, mit reinen Händen und aufrichtigen Augen zu dir zu kommen ...

Aus dem Gebet der Sioux-Indianer, aus: Wladimir Lindenberg: Die Menschheit betet. Siebenstern-TB 127. München, Hamburg 1968, Seite 96

10. Sonntag nach Trinitatis
Das Evangelium nach Lukas 19,41-48

Heinz Behrends

Exegetisch-homiletische Skizze

Das ist eine brisante, aber auch ungemein anspruchsvolle Aufgabe: Über die Tränen Jesu über Jerusalem predigen mitten in einer Zeit, in der substanzielle Probleme der Welt noch nicht gelöst sind.
Der jüdisch-christliche Dialog hat an manchen Orten noch nicht einmal begonnen. Der politische Konflikt zwischen Israel und Palästina ist immer noch ungeklärt. Jerusalem droht auch im 21. Jahrhundert Zerstörung. Der diffamierende Verdacht, jüdisches Kapital in den USA beherrsche die Welt, ist immer noch latent lebendig. Jede Stadt in unserem Land erzählt noch heute von den Plätzen, an denen einst bis zum 9. November 1938 eine Synagoge stand. Der Prediger/die Predigerin muss also eine Balance halten zwischen Eindeutigkeit und Ausgewogenheit und darf sich nicht zu möllemannesker geistiger Irrfahrt hinreißen lassen. Er schiebt dabei überdies 2000 Jahre missglückter Auslegung vor sich her.
Lukas schreibt als Zeitzeuge, der die Trümmer des zerstörten Jerusalem vor sich sieht.
Jerusalem ist für ihn mehr als für die anderen Evangelisten der Mittelpunkt der Heilsgeschichte. Es ist Ort von Hinrichtung und Auferstehung, es ist der Ort der ersten Gemeinde. Seine Klage über die Stadt in Lk 19,41–44 ist Sondergut wie auch die Geschichte vom lehrenden zwölfjährigen Jesus im Tempel. Der Jerusalem-Kreis im Leben Jesu schließt sich mit dem lehrenden, erwachsenen Mann im Tempel. Seine Lehre, nicht sein Unruhe stiftender Auftritt im Vorhof des Tempels ist Grund für den Tötungsbeschluss der hohen Geistlichkeit.
Er klagt über die Stadt und nimmt die – von Lukas schon erlebte – Zukunft vorweg. Er droht nicht das Gericht über die Stadt an. Die Geschich-

te vom Feigenbaum kommt im Kontext des Einzugs in Jerusalem nicht vor. Er weint und klagt. Ein Richter stellt sich über eine Sache, der Klagende stellt sich daneben. Er ist solidarisch. Der Grund der Klage ist die verpasste Gelegenheit zur Erkenntnis des Friedens. Jeru-Salem sieht nicht, was dem Shalom dient. Die Stadt des Friedens verliert ihre Identität und Bestimmung. Das ist zum Heulen.

Die Klage verbindet Menschen. An kaum einem anderen Ort lässt Jesus so tief in sein Herz schauen. Der klug mit Esel, Palmen und Tüchern inszenierte Einzug in die Stadt ist ein Spiel mit der Weissagung des Friedens. »Friede sei im Himmel und Ehre in der Höhe« (Lk 19,38). Der neue König der Stadt. »Gelobt sei, der da kommt, der König« (Luk 19,38). Die Freude verwandelt sich in die tiefe Trauer über die nahe Realität Jerusalems. »Sie werden keinen Stein auf dem anderen lassen« (Lk 19,44).

Der Predigttext fasst mit Klage und Tempelreinigung zwei verschiedene Perikopenteile zusammen. Der emotionale Jesus mit Tränen und Zorn, der den Frieden lehrende Jesus verbindet sie. Er ist unser Friede ist das Thema. Friede wird, wo Christus erkannt wird. Das scheint die Juden auszuschließen. Doch müssen auch wir Christen um Christuserkenntnis noch ringen. Die Klage über eine (Stadt)Gesellschaft, die untergeht, und die Hoffnung auf Verständigung, verbindet Juden und Christen.

Ich muss predigen, was einen jüdisch-christlichen Dialog fördert. Das geschieht, wenn ich eine existenzielle, thematische Tiefe erreiche, die über die Grenzen der Religionen hinausgeht. Ich muss wachsam sein auf Formulierungen, die antisemitische Verdächtigungen fördern.

Ich entscheide mich, die Gemeinsamkeit in der Trauer über die zerstörte Stadt auszudrücken und Jerusalem als Typ einer Stadt als Gesellschaftsform zu sehen. Sie ist Exempel einer Stadt, die am Unfrieden untergeht. Was dient dem Frieden, wo Menschen zusammenleben?

Eine brisante und anspruchsvolle Aufgabe, mitten im Hochsommer über das zerstörte Jerusalem zu predigen. Auf jeden Fall müssen Predigt und Gottesdienst dem Gedanken des Israelsonntags gerecht werden. Denn Friede und Versöhnung zwischen Christen, Juden und Moslems stehen immer noch aus.

Die gottesdienstliche Gemeinde wird sehr interessiert sein, wie wir auf dem Hintergrund unserer Geschichte im 20. Jahrhundert und der aktuellen Ereignisse im Nahen Osten den Text auslegen werden. Sie wird aufmerksam zuhören, ob wir mit Allgemeinplätzen oder Pathos von konkreten Schritten zum Frieden reden in einer Welt, die von Gewalt umstellt ist.

Predigtidee

Jesus klagt, dass Menschen nicht zum Frieden finden. Er weint. Ich hole die Hörenden bei der Erfahrung des Weinens ab und gehe nahezu lehrhaft den Voraussetzungen für die Friedensfähigkeit nach. Ich versuche, deutlich und lebensnah zu sein.
Eine Predigt darf vieles sein, aber nicht langweilig durch allgemeine Formulierungen und lebensferne Beispiele oder durch Gedanken und Sprache von hohem Wiedererkennungswert.

Predigtthema

Was zum Frieden dient

Vorschläge zur Liturgie

Rüstgebet
Wir haben uns versammelt, um uns von Gott anreden zu lassen und mit Lied und Gebet ihm zu antworten. Jesus weint über Jerusalem. Die Stadt findet keinen Frieden. Wie kann Friede werden? Das ist heute der Grundgedanke des Gottesdienstes an diesem Israelsonntag. Wir können uns nicht selbst erlösen, aus eigener Kraft auch nicht zu ihm kommen. Darum lassen wir uns zusprechen in seinem Wort seine grundlose Barmherzigkeit, die für uns verkörpert ist in Jesus Christus, uns vermittelt in der Kraft des Heiligen Geistes.

Eingangslied
EG 444 Die güldene Sonne bringt Leben und Wonne

Introitus
Psalm 74,1–3.8–10.15–17.20.21

Kyrie

Gott, du siehst unsere Unfähigkeit zum Frieden in der Welt. Menschen leiden an Menschen. Wir tun uns Gewalt, Hunger und Tod an. Das ist uns leid. Darum rufen wir zu dir: Kyrie eleison (nach EG 178,9)

Christus, du kennst unseren Eigensinn. Er macht uns unfähig zur Verständigung. Unsere Stadt/unser Dorf wird gelähmt durch unsere Selbstbezogenheit. Das ist uns leid. Darum rufen wir zu dir: Kyrie eleison.

Gott, du weißt um unsere Schwäche, für andere da zu sein. Wir sind mit uns selbst beschäftigt und haben dich aus den Augen verloren. Das ist uns leid. Darum rufen wir zu dir: Kyrie eleison.

Gloria

Du aber, Gott, lässt nicht von uns ab. Du bleibst an unserer Seite, gehst mit und bist jetzt hier. Darum loben wir dich und singen:
Allein Gott in der Höh sei Ehr.

Gebet

Gott, du bist jetzt hier. Hilf uns loslassen, was uns aus den vergangenen Tagen besetzt. Löse unsere Anspannungen. Öffne uns. Stimme uns ab auf deine Stimme. Hören lass uns dein Wort. Dein Friede beseele und tröste uns.

Wochenlied

EG 138 »Gott der Vater steh uns bei« ist ein alle verbindender Klage- und Gebetsruf; EG 290 »Nun danket Gott, erhebt und preiset« erinnert die Heilsgeschichte des Volkes Israel.

Lied nach der Predigt

EG 619 Damit aus Fremden Freunde werden

Dankopferlied

EG 502 Nun preiset alle Gottes Barmherzigkeit

Fürbittengebet

Gott, dein Wille ist, dass wir in Frieden versöhnt miteinander auf dieser Erde leben. Dafür hast du mit deinem Wort und mit dem Leben deines Sohnes Jesus Christus alle Voraussetzungen geschaffen. Wir danken dir dafür.
Wir bitten dich: Sei mit deinem Heiligen Geist bei allen Menschen, die Verantwortung in Politik und Wirtschaft haben. Die Geizigen erweiche, die Harten berühre, wehre den Fanatikern, stärke die Besonnenen.

Gott, du bist der Vater Abrahams und Sarahs. Du bist in Jesus, dem Sohn Davids, mitten unter uns. Du verbindest uns in aller gemeinsamen Geschichte und Verschiedenheit.
Wir bitten dich: Stärke alle, die sich um das Gespräch zwischen den Religionen bemühen. Unsere leidvolle Geschichte lass uns ohne Furcht und Verdrehungen anschauen können.

Gott, du schenkst uns die Kraft des Gebetes. Du bist da, wo wir uns dir zuwenden. Du weißt um unsere Unruhe, unsere Ablenkungen, unsere Verwirrungen. Erfülle uns mit deinem Vertrauen. Lass uns Raum finden zur Stille. Befreie uns von aller Sorge um uns selbst.
Du weißt, was wir brauchen, ehe wir dich darum bitten. Amen.

Lied vor dem Segen
EG 421 Verleih uns Frieden gnädiglich

Vorschlag zur Predigt

Möglicher Anfang
Wann haben Sie zum letzten Mal geweint?
Gestern? Heute Nacht? Vor einem Jahr? Männer unter uns müssen vielleicht noch weiter zurückdenken, weil sie sich die Regung immer noch gerne vom Leibe halten. Wenn Sie jüngst geweint haben, worüber? Über sich selbst? Geweint um einen vertrauten Menschen? Das lässt sich ja oft nicht so trennen. Oder vielleicht sogar über wildfremde Menschen geweint? (hier aktuelles Beispiel aus den Nachrichten-Bildern nennen).

Ich habe das letzte Mal geweint (hier persönliches Beispiel einfügen).
Wenn Tränen nicht gerade als Waffe benutzt oder als Ausdruck der Hysterien eingesetzt werden, geben sie tiefen Einblick in uns, in unsere Verwundbarkeit, unsere Solidarität mit anderen, in unsere Hilflosigkeit.
Jesus weint über die Stadt Jerusalem. Nur einmal wird das von ihm erzählt, nur hier, nur von dem Erzähler Lukas. Da ist er ein, zwei oder drei Jahre durch die Provinz gewandert, hat geredet, hat gehandelt, aber er weiß seinen Auftrag zum Ziel zu führen. Er muss seine Sache zur Entscheidung bringen. Das geht nur in der Stadt, in Jerusalem. Revolutionen entscheiden sich auf Straßen und Plätzen, nicht auf dem Acker. Nach Jerusalem muss er. Die Jünger jubeln. Wer Jerusalem kennt, weiß, wie sie auf die Stadt zukommen und wie sie dort prächtig vor ihnen liegt. Die Jünger jubeln. Jesus weint. In der alten Kirche hat man sich einmal drangesetzt, alle Ketzereien aus der Bibel herauszustreichen. Gut 80 Sätze waren das. Der vom Weinen Jesu gehörte dazu. Man mochte diesen Ausdruck der Hilflosigkeit nicht zulassen. Mächtige weinen nicht. Aber in den Tränen liegt eine tiefe Wahrheit. Tränen lügen nicht. Jesus lässt durch seine Tränen tief in seine Seele und in das Geheimnis seiner Botschaft blicken.
Wie eine Mutter, die ihren Sohn ins Verderben rennen sieht und nur ihr gutes Wort hat, ihn davon abzuhalten, vergebens. So weint Jesus über Jerusalem.
Das leuchtet nicht gleich ein. Was hat er gesehen?
Eine Stadt ist ein faszinierender Ort. Ich bin immer aufgeregt, wenn ich im Urlaub nach Paris oder Florenz mit dem Auto reinfahre. Plötzlich mittendrin unter vielen Menschen, wie aufgesogen, aber ungemein interessant. Ein Ort der Begegnung vieler Kulturen, die woanders getrennt leben, sind hier zusammen: Schwarze, Weiße, Asiaten, Südamerikaner. Juden, Moslems, Christen und andere.
Gestaltete Räume von großer Ästhetik, Schönheit menschlicher Ausdruckskraft. Die Freiheit wurde in der Stadt geboren. Und lebt die Stadt nicht von den Gegensätzen? Gehören nicht Arm und Reich zu ihrer faszinierenden Kraft. Heilige und Mörder, Opfer und Krankenschwester, der kluge Lehrer und der Dummkopf als Millionär, der Gaukler und der ehrliche Arbeiter.
Was will Jesus eigentlich? Warum weint er? Will er die langweilige bürgerliche Stadt, in der Recht und Ordnung herrschen? Was ist die Wahr-

heit seiner Tränen? Er sieht sie untergehen. Er liebt die Menschen und trauert über ihre Vernichtung. Schrecklich muss das sein, den Untergang kommen zu sehen und nicht gehört zu werden. Propheten sind immer unglücklich und dürfen nie Anerkennung erwarten. Aber er weint nicht um sich. Er weint um die Menschen.

Zum weiteren Verlauf

Sie erkennen nicht, was zum Frieden dient. Der Text beantwortet die Frage nicht konkret. Er bindet den Frieden an die Erkenntnis seiner Person. Sie erkennen ihn nicht zur rechten Zeit.
Die rechte Zeit ist nur einmal oder sehr selten, nicht immer. Die rechte Zeit für Jerusalem war, als sie ihm absehen konnten, was der Wille Gottes ist: Barmherzigkeit, Sanftmut, Hunger nach Gerechtigkeit, Friedensfähigkeit.
Was hindert am Frieden in der Stadt? Erfahrung, Ängste, Frust, Bequemlichkeit, Geiz, die Macht des Bösen, das Geld, wie die Tempelaustreibung vermuten lässt?
Ich werde weniger beschreiben, was Frieden verhindert, sondern im Geiste Jesu fördert.
Ich nenne vier Punkte.

1. Selbstbewusstsein
Der Mensch muss wissen, wer er ist. Er muss sich etwas wert sein. Er muss sich seiner Würde und Persönlichkeit bewusst sein. Gott hat mich geschaffen. Er will, dass ich lebe.
Er hat die Kostbarkeit des Menschen zum Ausdruck gebracht, als er selber Mensch wurde.
Nur wer selbstbewusst ist, kann einem anderen Menschen im Glück und in der Auseinandersetzung gegenübertreten. Minderwertigkeitsgefühl ist eine Mutter des Unfriedens und der Gewalt.

2. Wahrheit
Ein Mensch muss über sich Bescheid wissen. Er muss sich schonungslos in seinen Stärken und Schwächen kennen. Unfriede wächst, wo Menschen sich was vormachen, wo sie feige sind. Wo sie schweigen, weil sie meinen, sie würden andere Menschen dann nicht verletzen.
Interessen müssen auf den Tisch, wenn Friede werden soll. Die Machtverhältnisse dürfen nicht verschleiert werden.

3. Gewaltlosigkeit
Der Körper des Menschen gehört zu seiner Identität. Er ist unverzichtbarer Teil seiner Ganzheit. Der darf nicht willentlich versehrt werden. Sonst ist die Wurzel für Gewalt gepflanzt.

4. Beten
Im Gebet gibt sich der Mensch als Empfangender zu erkennen. Die Hände sind geöffnet, nicht zu Fäusten verkrampft. Im Beten ist der Mensch ein Hörender und Wartender. Friede kann wachsen.

Möglicher Schluss
Selbstbewusstsein, Wahrheit, Gewaltlosigkeit und das Beten sind Säulen der Bibel. Auf ihnen ruht Leben. Sie sind begründet in unserer Beziehung zu Gott.
Darum hängt es wohl auch von der Frage ab, ob eine Stadt erkennt, was zum Frieden dient, wie sie zu ihrem Tempel steht, zu ihrem religiösen Mittelpunkt, wie sie zu Gott steht. Darum geht er wohl auch nach seiner Klage in den Tempel und räumt dort auf, nicht auf dem Gemüsemarkt, nicht im Schloss, auch nicht in der Stadthalle. Damit Erkenntnis möglich bleibt, damit ein Gehör für das Wort und den Willen Gottes bleibt, muss die Kirche ein Bethaus sein. Die Stadt bleibt immer der Ort der Spannung, Ausdruck der Leiden, Sünden und Leidenschaften der Menschen. Gerade in diesem Gefüge braucht sie einen Ort des Gedächtnisses. Die Kathedralenbauer des Mittelalters haben die Kirche deshalb als ein Bild des neuen Jerusalem gesehen. Dort werden die Tränen abgewischt werden. Jerusalem als Ort der Hoffnung auf Frieden verbindet uns auch mit den Hoffnungen der Juden. Sie grüßen einander mit dem: Nächstes Jahr in Jerusalem. Da werden wir zusammen sein.
Für diese Zukunft lohnen sich auch die bittersten Tränen.

Kontexte

»This cathedral burnt to the glory of god.«
Inschrift in der Kathedrale von Coventry

»Wir haben Rabin verloren.«
Abdallah Frangi, Generalbevollmächtigter Palästinas in Deutschland, in einem Interview am 13. 8. 02 über die Bedeutung des Attentats an dem israelischen Ministerpräsidenten für die Palästinenser.

Zum Israelsonntag

Schweigen, ohne zu verschweigen
Das Evangelium nach Markus 7,24–30 (Sondertext)

Michael Becker

Exegetisch-homiletische Skizze

1. Ich gebe es ganz offen zu: Wenn ich konnte, dann habe ich mich immer vor diesem Sonntag gedrückt. Der 10. Sonntag nach Trinitatis ist mir besonders wichtig mit seinen Texten und seinem Thema, aber lieber setzte ich mich in die Kirche und hörte einfach nur zu, anstatt selber zu predigen. Und als dann noch der Auftrag kam, diesen Sonntag mit einem »Sondertext« (warum eigentlich?) zu bearbeiten, habe ich erst innerlich geseufzt und spürte dann gleich den Impuls: ›Ach, nein‹; habe dann aber zu mir selber gesagt: Es kann ja niemand dafür, dass es nun dich trifft, mach's halt.
Aber lieber würde ich nur schweigen dürfen zu diesem Thema. Nichts verschweigen, aber schweigen. Christen und Juden – welch ein Thema; welch eine Wunde, an die ich nicht auch noch rühren will. Und dann erst Israel ... Gerade überschlagen sich Politiker und Politikerinnen mit Meinungen, Ansichten und auch Vorwürfen, wer wem wann was angetan hat und nun eigentlich Folgendes tun müsste! Der Zentralrat der Juden in Deutschland bemüht sich festzustellen, dass man natürlich auch in Deutschland Israels Politik kritisieren dürfe, aber doch immer im Bewusstsein unserer ganz eigenen Geschichte. Vereint mit Juden stehen einige vor der SPD-Parteizentrale und protestieren am Abend des 8. Mai gegen einen Auftritt von Martin Walser, dem neuerdings eine zu deutschnationale Gesinnung vorgehalten wird.
Wem, mal ehrlich, fällt jetzt noch etwas dazu ein außer Scham, oder Wut, oder tiefem Schmerz? Wer möchte da nicht schweigen dürfen, wo doch gerade fast alle irgendetwas ganz genau wissen und darüber reden (müssen?).

2. Jesus war Jude, zeitlebens und im Sterben sowieso. Etwas anderes war ihm und kam ihm nicht in den Sinn. Er war ein überzeugter und gelegentlich wohl auch stolzer Teil des jüdischen Volkes, ein Teil der Erwählung, mitunter voller Schmerz und manchmal auch wütend über die Auswüchse dieses Glaubens. Aber eine Trennung vom jüdischen Glauben war jenseits seiner Vorstellung, nehme ich an: »Es ist nicht recht, dass man den Kindern das Brot wegnehme und werfe es vor die Hunde.« Die Kinder sind die des Hauses Israel, die Hunde sind die anderen. Da muss man doch schlucken, bei so viel Selbstgewissheit (oder ist es schon Selbstherrlichkeit?) aus dem Munde Jesu. Die Markusvariante der Erzählung von der heidnischen Frau ist zwar ein wenig verhaltener und zudem mit dem ganz eigenen Markusthema des noch verborgenen Messias verknüpft – bei Matthäus (15,21–28) wirkt alles viel strenger, zudem mischen sich auch die Jünger noch ein –, aber beide Evangelisten stimmen doch im Kern überein in ihrer damals antijüdischen Tendenz: Eine Fremde, eine Heidin, ja eine mögliche Feindin Israels stimmt den Juden Jesus um. Er darf und soll sich nicht verstehen als alleine zu den Juden gesandt. Der Glaube an ihn ist nicht abhängig von einer Volkszugehörigkeit oder einer Religionszugehörigkeit. (Ach ja, und was hieße das nun wieder für unsere doch immer noch so konfessionsabhängigen Gottesbilder?)

3. Vielleicht ist das ja der tiefe Sinn dieses »Sondertextes«: dass wir schweigen dürfen zu so vielem, was uns voller Scham, Wut oder Schmerz auf der Seele liegt oder in ihr brennt – und stattdessen in aller Strenge eine Geschichte (nach-)erzählen dürfen, die Christen, Juden und Heiden vereint: Wenn du glaubst, nur einen Funken, ein Senfkorn Glauben hast, dann schreie zu Gott und ringe auch mit ihm. Wenn du angefochten bist, dann lass Gott und seinen Sohn auf keinen Fall damit in Ruhe, sondern kämpfe mit ihnen. Das wäre hilfreich, finde ich. Ich muss dann nicht Stellung nehmen zu so manchem, was ich nicht verstehe, nicht wirklich zu beurteilen vermag oder was mich mit Abscheu erfüllt. Ich darf schweigen, ohne zu verschweigen. Und ich rede nur von dem Glauben, den mir diese Erzählung aufträgt.

4. So viel zur möglichen Entlastung.
Aber natürlich bleibt trotzdem in der Welt, was mir die Nachrichten gerade ins Haus bringen und, schlimmer noch, auf die Seele legen: Bom-

ben, Vergeltung, Belagerung, Zerstörung, Tote auf beiden Seiten im Namen des jeweiligen Gottesbildes. Und dazu die allgegenwärtige Gefahr der Missverständnisse und Missdeutungen von Worten und Sätzen. Was soll ich damit tun?
Ich soll darüber beten, im Stillen und auch laut. Wenn meine Predigt dazu schweigen darf, dann dürfen es doch die Fürbitten noch lange nicht verschweigen. Ach Gott, dass du den Himmel zerrissest und führest herab, dass dein Name kund würde unter deinen Feinden – dieses jüdische Gebet aus Jesaja 63 gilt auch ihnen selber und ihren Feindschaften; es gilt allen, die Gewalt im Namen ihres jeweiligen Gottesbildes für eine Lösung halten.

Predigtidee

Wie eine Frau Jesus aus der Fassung bringt

Predigtthema

Vom Ringen mit Gott

Vorschläge zur Liturgie

Sündenbekenntnis

Voller Scham und Schuld sind wir, Gott,
wenn wir an Christen und Juden denken.
Voller Trauer sind wir, Gott,
weil wir so wenige Wege wissen.

Vor dir bekennen wir in der Stille,
dass wir uns und anderen vieles verschweigen
und oft nichts wissen und gehört haben wollen,
wenn wieder gelästert wird.

– Stille –

Sei uns gnädig, gütiger Gott,
und nimm alle Menschen auf
in dein Erbarmen.

Kyrie

Vor dir, Gott, klagen wir uns selber an
und entsetzen uns darüber,
wie schnell wir andere herabsetzen.
Erbarme dich unser ...

Gloria

Der du, Gott, das Heil der Welt willst
und das Heil aller Menschen,
ohne jeglichen Unterschied,
dich loben wir, dich preisen wir,
dich alleine beten wir an ...

Gebet zum Tage

Gott in Ewigkeit,
du hast deinen Sohn gesandt zum Heil der Welt
und zur Erlösung aller Menschen;
wir bitten dich:
Erfülle uns ganz mit deinem Geist,
der in jedem Menschen die Schwester oder den Bruder sieht,
der uns Menschen alleine als deine Kinder ansieht,
die der Hilfe und der Wegweisung bedürfen;
der du mit deinem Sohn und dem Heiligen Geist
lebst und neues Leben gibst von Ewigkeit zu Ewigkeit.

Fürbitten

Gott Abrahams, Isaaks und Jakobs und ihrer Familien,
Vater Jesu Christi,
Schöpfer allen Heils;
du willst Frieden und Barmherzigkeit,
und wir sehen viel Streit und Unfrieden.
Du willst ein blühendes, heiliges Land,
und wir sehen so viele Trümmer und Wunden.

Wir bitten um dein Erbarmen
für die, die nur Kampf und Hass säen:
Herr, erbarme dich.
Für die, die nur noch Angst und Tränen haben: ...
Für die Regierenden im Nahen Osten: ...
Für die Zukunft der Kinder und Kindeskinder: ...
Für alle Orte im Land, die dir geheiligt sind: ...
Für uns, die wir uns oft so ohnmächtig fühlen: ...

Du, Gott, willst Frieden und Barmherzigkeit.
Ach, dass du den Himmel zerrissest und führest herab.

Tröste uns in aller Anfechtung; lege deine schützende Hand
auf alle Menschen, die deinen Willen tun.
Dies bitten wir dich durch Christus, deinen Sohn. Amen.

Lieder

Bewusst wähle ich nur Psalmlieder, die also auf Texten der jüdischen Religion beruhen: EG 286 Singt, singt dem Herren neue Lieder, Verse 1–4; EG 293 Lobt Gott, den Herrn (nach der Predigt); EG 290 Nun danket Gott, erhebt und preiset.

Vorschlag zur Predigt

Möglicher Anfang

Selbst Jesus war gelegentlich aus der Fassung zu bringen, liebe Gemeinde. Ich gebe zu, das ist schwer vorstellbar, weil wir ja Jesus oft als einen ganz in seinem Gottvertrauen ruhenden Menschen sehen und verstehen. Aber das stimmt gar nicht immer. Jesus war ein Mensch, und als solcher war er tatsächlich aus der Ruhe und aus der Fassung zu bringen, jedenfalls manchmal. Er war wütend und vertrieb die Händler aus dem Tempel; er war traurig über einen reichen Jüngling, der zwar nachfolgen wollte, aber dann doch wieder einen Rückzieher machte; oder er war vollkommen verblüfft, wie der Predigttext heute erzählt.
Jesus war mit seinen Jüngern unterwegs wie so oft, aber diesmal waren sie ganz in der Fremde, im Feindesland sogar, wie manche zu der Gegend sagten. Nördlich von Israel hielten sie sich auf, bei der Stadt Tyrus

am Mittelmeer. Bis dorthin war auch schon die Kunde gedrungen, dass der Jude Jesus aus dem Süden etwas ganz Besonderes sei mit seinem Gottvertrauen und seinen heilenden Kräften, die er im Namen Gottes, seines Vaters, manchmal ausübte. Darum kam auch bald eine Frau zu ihm, eine fremde, und, wie einige sagten, heidnische Frau.
Und die stellte Jesu Glauben auf eine harte Probe.

Zum weiteren Verlauf

Nun erzähle ich den Markustext unter dem gleichen Blickwinkel, mit dem ich schon den Anfang der Predigt beschloss: Die Frau stellt den Glauben Jesu auf die Probe und ringt mit ihm. Damit drückt sie aus, wie groß ihr Vertrauen ist und wie wichtig es ihr ist, dieses Vertrauen nicht nur zur Sprache zu bringen allen Abweisungen Jesu zum Trotz, sondern auch die Erfüllung ihres Vertrauens zu erhalten.
Während der (Nach-)Erzählung betone ich dieses »Nicht lockerlassen« als eine wichtige Haltung auch meines Glaubens. Damit will ich Gott daran erinnern, dass auch er eine gewisse Verantwortung dafür trägt, dass ich ihn verstehen kann – jedenfalls manchmal.

Möglicher Schluss

Hier geht es nicht um die Größe des Glaubens, sondern alleine um seine Eindringlichkeit, liebe Gemeinde. Wenn ich nur einen Funken Glauben habe, werde ich Gott nicht in Ruhe lassen und immer wieder gleichsam mit ihm ringen und so zu verstehen versuchen, warum etwas so ist, wie es ist. Das ›Warum?‹ und die Suche nach einer Antwort darauf gehören ganz wesentlich zum Glauben, auch zum Glauben des Juden Jesus.
Nur wer Gott nicht in Ruhe lässt und ihn auch immer an seine Verantwortung erinnert, wird ihn manchmal verstehen können. Das wussten die Juden schon zur Zeit des Alten Testamentes. Und manchmal versuchten sie sogar, ihr Recht auf Verstehen bei Gott einzuklagen und Hilfe zu erflehen, wenn Not oder Krankheit sie bedrückte.
Aber auch dann, wenn sich die Wünsche nach Heilung nicht erfüllten, haben sie doch von einem nie gelassen: der Anbetung. Auch im größten Unverständnis verfielen sie nicht in Gleichgültigkeit oder gar in Ablehnung, sondern hielten ganz fest an der Anbetung der Größe Gottes. Das möchte ich von ihnen lernen. Nicht nur die Eindringlichkeit in Bitte und

Klage möchte ich lernen, sondern auch die Eindringlichkeit ihrer Anbetung der Größe Gottes.
Solange wir Gott anbeten, müssen wir ihn nicht verstehen.

Alternative
Die Predigt kann sich auch ein ganz anderes Thema wählen, vor allem bei diesem Text: Das Selbstbewusstsein Jesu. Er mag eine Zeit lang wirklich geglaubt haben, dass er nur zu den verlorenen Kindern des Hauses Israel gesandt ist. Erst durch das Zutrauen einer Frau erkennt er, dass er sein Wirken nicht begrenzen darf. Bei diesem Predigtthema wäre es reizvoll, die Unterschiede der Markus- und der Matthäusfassung erzählend hervorzuheben (vielleicht sogar die beiden Texte der Gemeinde in die Hand zu geben im »Jahr der Bibel«).

Kontexte

Er erzählt es so: »Es gibt Dinge aus meiner Kindheit und Jugend, die ihre Nachwirkung bis heute haben. Es ist die Situation eines aus Polen gekommenen, jüdischen Kindes auf einem deutschen Gymnasium in Berlin. Ich sprach nicht sehr gut Deutsch. Ich war anders angezogen. Ich kannte die Spiele der anderen Jungs nicht. Aber ich war der Beste in Mathematik. Und bald habe ich mir gesagt: Denen werde ich es zeigen, Deutsch werde ich auch bald besser können als ihr. Zwei Jahre später war ich der beste Schüler in Deutsch. Aus Liebe zum Theater und zur Literatur natürlich, aber vor allem aus Trotz.« Sie haben ihn nicht dazugehören lassen. Er war nicht zu Hause in Deutschland, aber die deutsche Literatur kannte er besser als seine Klassenkameraden, möglicherweise besser, als manche seiner Lehrer.
Er ist aufgewachsen in Berlin in einer Zeit, in der täglich in den Zeitungen stand, die Juden seien eine minderwertige Rasse, unfähig, den deutschen Geist und die deutsche Sprache zu verstehen. »Heine war Dreck und alles, was Juden schrieben, war Dreck.« 1938 machte er Abitur, schreibt noch sein »idiotisches, überflüssiges Gesuch an die Berliner Universität«, das natürlich mit Stempel »J« abgelehnt wird. Dann haben sie ihn abgeholt am Morgen des 28. Oktober 1938, ausgewiesen aus dem Deutschen Reich ins Warschauer Ghetto. Und nur weil er Glück hatte und weil es Menschen gab, die ihm halfen, haben sie ihn nicht vergast wie alle anderen ...
Das ist der traurige Teil der Geschichte von Marcel Reich-Ranicki und dem Land, in dem er erfolgreich und berühmt geworden ist. Das Grundmotiv hat ihn wieder eingeholt. Oder er hat sein Grundmotiv wieder eingeholt. Er ist nicht willkommen, er gehört nicht dazu, er wird nie dazugehören, jedenfalls fühlt er sich so. Abends beim Italiener in Frankfurt sagt er: »Wir sind und bleiben im Grunde isoliert in dieser Stadt und in diesem Land ...«
Evelyn Roll im Gespräch mit Marcel Reich-Ranicki. In: Süddeutsche Zeitung, Nr. 288. 14. Dez. 2001, Seite 3

Das Wesen der jüdischen Lebensauffassung scheint mir zu sein: Bejahung des Lebens aller Geschöpfe. Leben des Individuums hat nur Sinn im Dienst der Verschönerung und Veredelung des Lebens, des Lebens alles Lebendigen. Leben ist heilig, d. h. der höchste Wert, von dem alle Wertungen abhängen. Die Heiligung des überindividuellen Lebens bringt die Verehrung alles Geistigen mit sich – ein besonders charakteristischer Zug der jüdischen Tradition.

Albert Einstein, in: Mein Weltbild

Die Juden sind ein seltsames Volk.
Fordert man sie auf, fröhlich zu sein, sind sie traurig. Sagt man ihnen, dass sie traurig sein sollen, dann sind sie traurig.

Ephraim Kishon

Tipps zu Text und Thema

Giorgio Manganelli: Bist du Jude? Aus: Manganelli furioso, © Klaus Wagenbach Verlag, Berlin 1985
In dem kleinen, dreiseitigen Essay versucht der Autor die bedrängende Frage nach den Wurzeln des Antisemitismus zu beantworten. In meiner Zusammenfassung klingt die Antwort so: Mit dem Antisemitismus versuchen wir (in sinnloser Weise), unsere eigene Angst vor Unbehaustheit in der Welt zu bekämpfen.

Alfred J. Kolatch: Jüdische Welt verstehen, © Fourier Verlag, Wiesbaden 1999
Sechshundert Fragen und Antworten – eine einzige, riesige Fundgrube für Menschen, die so viele Fragen an die jüdische Glaubenswelt haben wie ich.

Themen und Motive

Die Autorinnen und Autoren

Pfarrer Michael Becker, Kassel; Sup. Int. Heinz Behrends, Northeim; Pfarrerin Margit Binz, Langen; Pfarrer Götz Brakel, Gleichen; Pfarrer Sebastian Feydt, Leipzig; Pfarrer Hansjörg Haag, Wächtersbach; Pfarrer Dr. Rolf Heinrich, Gelsenkirchen; Pfarrer Hans-Jürgen Kant, Wernigerode; Pfarrer Dr. Reinhard Kirste, Nachrodt; Pfarrer Wolfhart Koeppen, Ortenburg; Pfarrerin Hanna Kreisel-Liebermann, Göttingen; Pfarrer Reinhard Laser, Essen; Pfarrerin Marie-Luise Lautenbach, Kaiserslautern; Pfarrer Uwe Laux, Reichenbach-Steegen; Pfarrerin Esther Pofahl, Leipzig; Pfarrer Uwe Rieske-Braun, Aachen; Pfarrerin Gudrun Scheiner-Petry, Burgthann; Pfarrerin Dr. Regina Sommer, Wabern; Pfarrer Jobst v. Stuckrad-Barre, Hannover; Pfarrerin Christiane Thiel, Leipzig; Pfarrerin Dorothee Wüst, Weilerbach